INTERMEDIATE Level II

중급 II

Korean Listening for University Life

대학 생활을 위한 한국어 듣기

연세대학교 한국어학당 편

연세대학교 대학출판문화원

대학 생활을 위한

한국어 듣기(중급 II)

편저자 연세대학교 한국어학당 교재편찬위원회
집필진 김미옥 · 민지숙 · 윤은미 · 이기성 · 김미정 · 최주리
펴낸곳 연세대학교 대학출판문화원

주소 서울시 서대문구 연세로 50
전화 02) 2123-3380~2
팩스 02) 2123-8673
ysup@yonsei.ac.kr
http://www.yonsei.ac.kr/press
등록 1955년 10월 13일 제9-60호
인쇄 (주)네오프린텍
삽화 문춘경 외
녹음 MS미디어
성우 윤미나 · 전광주

2012년 5월 25일 1판 1쇄　　2020년 4월 1일 1판 4쇄
ISBN 978-89-7141-985-4 (08710)
978-89-7141-977-9 (세트)

값 10,000원(CD포함)

머리말

국내 최고의 명성으로 한국어 교육의 50년 전통을 이어 온 연세대학교 언어연구교육원 한국어학당에서는 한국어 교육의 질을 높이기 위해 그동안 많은 교재를 편찬해 왔다. 최근 한국 내 대학, 대학원에서 수학하고 있거나 진학하고자 하는 외국인이 증가함에 따라 학문을 목적으로 하는 한국어 교재에 대한 학습자들의 요구가 높아지고 있다. 이에 따라 연세대학교 언어연구교육원 한국어학당에서는 대학 수학을 목적으로 하는 외국인 유학생들을 대상으로 한국어와 한국 문화를 교육할 수 있는 새로운 교재를 출간하게 되었다.

연세대학교 언어연구교육원 한국어학당에서 출간하는 이 교재는 대학 생활에 필요한 의사소통 기능을 집중적으로 향상시킬 수 있는『대학 생활을 위한 한국어』시리즈와 대학에서의 수학 능력을 집중적으로 향상시킬 수 있는『대학 강의 수강을 위한 한국어』시리즈로 되어 있다.『대학 생활을 위한 한국어』시리즈는 초급 학습자를 위한『대학 생활을 위한 한국어 초급』, 중급 학습자를 위한『대학 생활을 위한 한국어 중급 Ⅰ』,『대학 생활을 위한 한국어 중급 Ⅱ』로 되어 있으며,『대학 강의 수강을 위한 한국어』시리즈는 중급 학습자를 위한『대학 강의 수강을 위한 한국어 중급 Ⅰ』,『대학 강의 수강을 위한 한국어 중급 Ⅱ』, 그리고 고급 학습자를 위한『대학 강의 수강을 위한 한국어 고급』으로 되어 있다.

『대학 생활을 위한 한국어』시리즈는 한국어 학습 단계별로 요구되는 내용을 주제로 말하기, 듣기, 쓰기 능력을 향상할 수 있도록 다양한 과제와 활동으로 구성된 분리형 교재이다. 그리고『대학 강의 수강을 위한 한국어』시리즈는 대학 수학에서 요구되는 기능과 장르를 중심으로 말하기, 듣기, 쓰기, 읽기 능력을 향상할 수 있도록 실용적인 과제와 활동으로 구성된 분리형 교재이다. 이들 교재에서는 학습자들이 흥미를 가질 수 있는 주제와 상황을 기초로 여러 가지 의사소통 기능 및 전략을 배울 수 있도록 배려하였다.

『대학 생활을 위한 한국어』와『대학 강의 수강을 위한 한국어』가 연세대학교 언어연구교육원 한국어학당에서 공부하는 학생들뿐만 아니라 한국 내에서 대학, 대학원 수학을 목적으로 하고 있는 모든 한국어 학습자들에게 도움이 되기를 바란다.

연세대학교 언어연구교육원
한국어학당 교재편찬위원회

일러두기

- '대학 생활을 위한 한국어 듣기 중급Ⅱ'는 총 10개의 단원으로 이루어져 있으며 각 주제에 관련된 내용을 듣고 이해할 수 있는 능력을 함양시킬 수 있도록 내용을 구성하였다.
- 각 단원은 모두 **【준비해 봅시다】**, **【들어 봅시다】**, **【정리해 봅시다】**의 세 단계로 구성되었다.
- 각 단원의 첫 부분에 제목과 학습목표를 제시하였으며 교재의 맨 뒤에는 듣기 지문과 답안이 붙어있다.

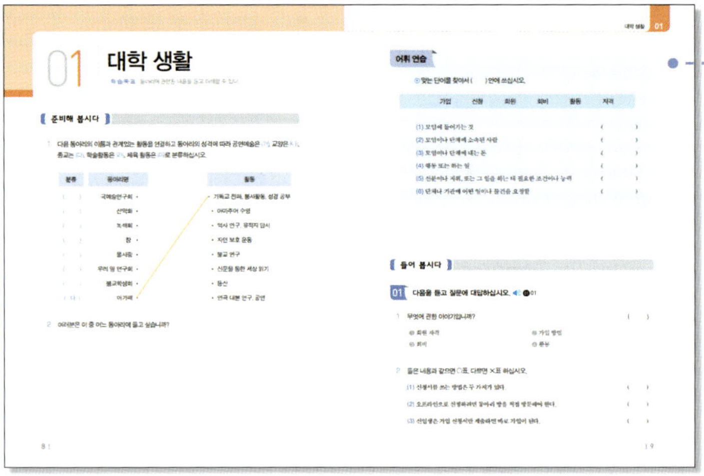
01 대학 생활
【준비해 봅시다】
어휘 연습
【들어 봅시다】
01 다음을 듣고 질문에 대답하십시오.

내용을 듣기 전에 주제와 관련된 어휘를 미리 확인하고 듣기의 이해를 돕기 위해 상황이나 주제와 관련된 어휘 연습 활동이 제시된다.

- **【준비해 봅시다】**는 도입 단계로서 각 단원의 주제와 관련된 자유로운 말하기 활동을 할 수 있도록 간단한 질문이나 활동이 제시된다.

- **【들어 봅시다】**는 총 4단계로 구성되며, 각 단계는 난이도와 길이에 있어서 각각 구분이 되도록 구성하였다.

[1]단계는 짧고 간단한 내용으로 전체를 파악할 수 있는 상향식 질문과 세부적인 내용을 확인할 수 있는 진위형 질문이 제시되었다.

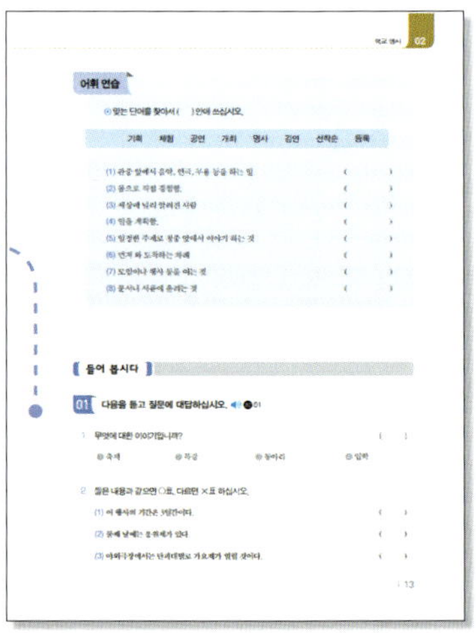
어휘 연습
【들어 봅시다】
01 다음을 듣고 질문에 대답하십시오.

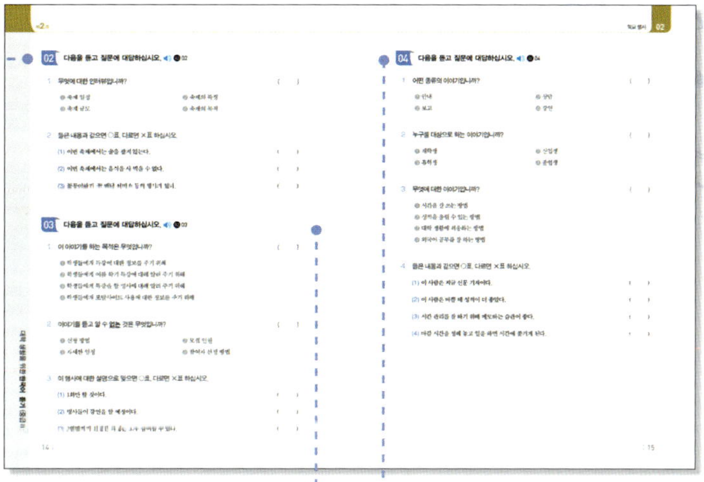

[2]단계도 역시 짧고 간단한 내용으로 전체를 파악할 수 있는 상향식 질문과 세부적인 내용을 확인할 수 있는 진위형 질문이 제시되었다.

[3]단계는 1,2단계보다 약간 길이가 길고 내용도 어려워지며, 전체 내용 파악을 위한 질문과 세부적 내용 파악을 위한 질문이 3개씩 제시되었다.

[4]단계는 길고 어려운 내용의 담화를 듣고 이해를 확인하는 질문과 메모하고 요약하는 활동, 또는 들은 내용을 바탕으로 말하기나 쓰기 등 다양한 활동과 연계할 수 있는 과제 활동이 제시되었다.

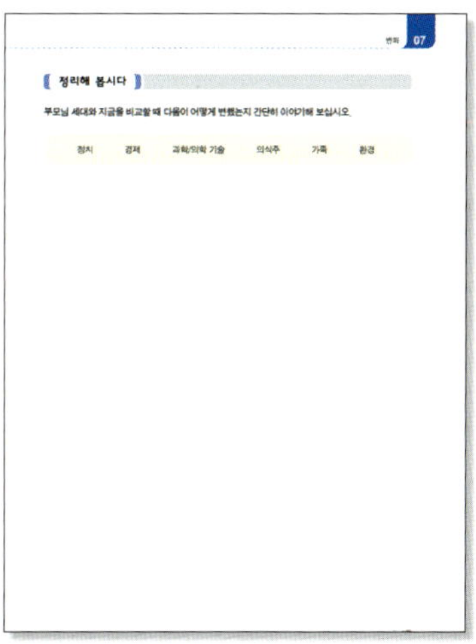

- **【정리해 봅시다】**는 듣기를 통해 새로 알게 된 정보, 들은 내용과 관련된 지식, 자신의 경험과의 연계 등을 통해 듣기 활동을 정리하고 마무리한다.

차례

내용 구성

과	제목	학습 목표	텍스트 유형	기능
1	대학 생활	동아리에 관련된 내용을 듣고 이해할 수 있다.	안내 방송 인터뷰, 강연	주제 파악하기, 세부 내용 파악하기
2	학교 행사	축제, 특강 등 학교 행사에 관련된 내용을 듣고 이해할 수 있다.	안내 방송 인터뷰, 강연	주제 파악하기, 세부 내용 파악하기
3	성격	성격 형성에 관련된 내용을 듣고 이해할 수 있다.	라디오 방송 뉴스 강의	주제 파악하기, 세부 내용 파악하기, 정보 파악하기
4	실수와 사과	실수와 사과에 관련된 내용을 듣고 이해할 수 있다.	뉴스 안내 방송 라디오 방송	주제 파악하기, 세부 내용 파악하기, 정보 파악하기
5	부탁과 거절	부탁 또는 거질에 관런된 내용을 듣고 이해할 수 있다.	대화, 강연	중심 내용 파악하기, 세부 내용 파악하기, 추론하기
6	서비스센터	서비스센터에 관련된 내용을 듣고 이해할 수 있다.	상담, 안내 뉴스	핵심 내용 파악하기, 세부 내용 파악하기, 추론하기
7	변화	변화에 관련된 내용을 듣고 이해할 수 있다.	대화, 뉴스 인터뷰	주제 파악하기, 세부 내용 파악하기
8	인터넷	인터넷과 관련된 내용을 듣고 이해할 수 있다.	독백, 뉴스 발표, 보고	중심 내용 파악하기, 세부 내용 파악하기, 추론하기
9	대중문화	대중문화에 관련된 내용을 듣고 이해할 수 있다.	보고, 대화 논평, 뉴스	주제 파악하기, 세부 내용 파악하기, 추론하기
10	건강	건강에 관련된 내용을 듣고 이해할 수 있다.	발표, 뉴스 상담	주제 파악하기, 세부 내용 파악하기, 추론하기

01 대학 생활

학/습/목/표 동아리에 관련된 내용을 듣고 이해할 수 있다.

준비해 봅시다

1. 다음 동아리의 이름과 관계있는 활동을 연결하고 동아리의 성격에 따라 공연예술은 (가), 교양은 (나), 종교는 (다), 학술활동은 (라), 체육 활동은 (마)로 분류하십시오.

분류	동아리명	활동
(　　)	극예술연구회 •	• 기독교 전파, 봉사활동, 성경 공부
(　　)	산악회 •	• 아마추어 수영
(　　)	녹색회 •	• 역사 연구, 유적지 답사
(　　)	창 •	• 자연 보호 운동
(　　)	물사랑 •	• 불교 연구
(　　)	우리 땅 연구회 •	• 신문을 통한 세상 읽기
(　　)	불교학생회 •	• 등산
(다)	아가페 •	• 연극 대본 연구, 공연

2. 여러분은 이 중 어느 동아리에 들고 싶습니까?

어휘 연습

⊙ 맞는 단어를 찾아서 (　　) 안에 쓰십시오.

가입　　신청　　회원　　회비　　활동　　자격

(1) 모임에 들어가는 것 (　　)
(2) 모임이나 단체에 소속된 사람 (　　)
(3) 모임이나 단체에 내는 돈 (　　)
(4) 행동 또는 하는 일 (　　)
(5) 신분이나 지위, 또는 그 일을 하는 데 필요한 조건이나 능력 (　　)
(6) 단체나 기관에 어떤 일이나 물건을 요청함 (　　)

들어 봅시다

01 다음을 듣고 질문에 대답하십시오. 01 01

1. 무엇에 관한 이야기입니까? (　　)

① 회원 자격　　② 가입 방법
③ 회비　　④ 활동

2. 들은 내용과 같으면 ○표, 다르면 ×표 하십시오.

(1) 신청서를 쓰는 방법은 두 가지가 있다. (　　)
(2) 오프라인으로 신청하려면 동아리 방을 직접 방문해야 한다. (　　)
(3) 신입생은 가입 신청서만 제출하면 바로 가입이 된다. (　　)

02 다음을 듣고 질문에 대답하십시오. 01 02

1. 무엇에 관한 이야기입니까? ( )

   ❶ 회원 자격 ❷ 동아리 소개 ❸ 회장 소개 ❹ 동아리 활동

2. 들은 내용과 같으면 ○표, 다르면 ×표 하십시오.

   (1) 다른 대학교에 다니는 학생은 가입할 수 없다. ( )

   (2) 신청서를 제출하면 누구든지 동아리에 가입할 수 있다. ( )

   (3) 휴학을 하면 회원으로 활동할 수 없다. ( )

03 다음을 듣고 질문에 대답하십시오. 01 03

1. 무엇에 관한 이야기입니까? ( )

   ❶ 회원 자격 ❷ 가입 방법 ❸ 동아리 소개 ❹ 동아리 활동

2. 들은 내용과 같으면 ○표, 다르면 ×표 하십시오.

   (1) 음악 공연을 하는 동아리이다. ( )

   (2) 동아리 규모는 작은 편이다. ( )

   (3) 음악에 관심 있는 신입생이면 누구든지 들어올 수 있다. ( )

04 다음을 듣고 질문에 대답하십시오. 01 04

1. 이 대화의 성격으로 맞는 것은 무엇입니까? ( )

   ❶ 강연 ❷ 인터뷰 ❸ 연설 ❹ 상담

2. 질문한 내용이 아닌 것은 무엇입니까? ( )

❶ 성격 ❷ 장점 ❸ 회원 수 ❹ 가입 방법

3. 이 동아리의 장점 세 가지를 간단하게 쓰십시오.

❶ ....
❷ ....
❸ ....

4. 들은 내용과 같으면 ○표, 다르면 ×표 하십시오.

(1) 영어 시험을 준비하는 동아리이다. ( )

(2) 이 동아리는 교양 분과 동아리로 분류된다. ( )

(3) 준회원의 기간은 1년이다. ( )

5. 들은 내용으로 다음 표를 정리하십시오.

동아리 이름	
성격	
회원 자격	
회비	
모임 횟수와 장소	
활동 내용	
가입 방법	

정리해 봅시다

여러분이 알고 있는 동아리에 대해 친구에게 소개해 보십시오.
(동아리 이름, 성격, 회원 자격, 회비, 활동, 모임 횟수 등)

02 학교 행사

학/습/목/표 축제, 특강 등 학교 행사에 관련된 내용을 듣고 이해할 수 있다.

준비해 봅시다

1. 다음은 축제에서 하는 행사들입니다. 여러분이 참여하고 싶은 축제 행사는 무엇입니까? 다음 중에서 골라 보십시오.

• 응원제	☐	• 가장행렬	☐
• 가요제	☐	• 맥주, 우유 마시기 대회	☐
• 체육대회	☐	• 마술 공연	☐
• 장터	☐	• 인기 가수 축하공연	☐
• 독립영화제	☐	• 장애인 체험	☐
• 사진전	☐	• 방송제	☐

2. 여러분은 어떤 축제에 가 봤습니까?

어휘 연습

⊙ 맞는 단어를 찾아서 (   ) 안에 쓰십시오.

기획 체험 공연 개최 명사 강연 선착순 등록

(1) 관중 앞에서 음악, 연극, 무용 등을 하는 일 (   )

(2) 몸으로 직접 경험함. (   )

(3) 세상에 널리 알려진 사람 (   )

(4) 일을 계획함. (   )

(5) 일정한 주제로 청중 앞에서 이야기 하는 것 (   )

(6) 먼저 와 도착하는 차례 (   )

(7) 모임이나 행사 등을 여는 것 (   )

(8) 문서나 서류에 올리는 것 (   )

들어 봅시다

01 다음을 듣고 질문에 대답하십시오. 🔈 02 01

1. 무엇에 대한 이야기입니까? (   )

❶ 축제 ❷ 특강 ❸ 동아리 ❹ 입학

2. 들은 내용과 같으면 ○표, 다르면 ×표 하십시오.

(1) 이 행사의 기간은 3일간이다. (   )

(2) 둘째 날에는 응원제가 있다. (   )

(3) 야외극장에서는 단과대별로 가요제가 열릴 것이다. (   )

02 다음을 듣고 질문에 대답하십시오. 02 02

1. 무엇에 대한 인터뷰입니까? ( )

① 축제 일정 ② 축제의 특징
③ 축제 규모 ④ 축제의 목적

2. 들은 내용과 같으면 ○표, 다르면 ×표 하십시오.

(1) 이번 축제에서는 술을 팔지 않는다. ( )

(2) 이번 축제에서는 음식을 사 먹을 수 없다. ( )

(3) 꽃꽂이하기, 꽃 배달 서비스 등의 행사가 있다. ( )

03 다음을 듣고 질문에 대답하십시오. 02 03

1. 이 이야기를 하는 목적은 무엇입니까? ( )

① 학생들에게 특강에 대한 정보를 주기 위해
② 학생들에게 여름 학기 특강에 대해 알려 주기 위해
③ 학생들에게 특강을 할 명사에 대해 알려 주기 위해
④ 학생들에게 포탈사이트 사용에 대한 정보를 주기 위해

2. 이야기를 듣고 알 수 <u>없는</u> 것은 무엇입니까? ( )

① 신청 방법 ② 모집 인원
③ 자세한 일정 ④ 참여자 선정 방법

3. 이 행사에 대한 설명으로 맞으면 ○표, 다르면 ×표 하십시오.

(1) 1회만 할 것이다. ( )

(2) 명사들이 강연을 할 예정이다. ( )

(3) 3월말까지 신청한 학생은 모두 참여할 수 있다. ( )

04 다음을 듣고 질문에 대답하십시오. 02 04

1. 어떤 종류의 이야기입니까? ( )

   ❶ 안내 ❷ 상담
   ❸ 보고 ❹ 강연

2. 누구를 대상으로 하는 이야기입니까? ( )

   ❶ 재학생 ❷ 신입생
   ❸ 휴학생 ❹ 졸업생

3. 무엇에 대한 이야기입니까? ( )

   ❶ 시간을 잘 쓰는 방법
   ❷ 성적을 올릴 수 있는 방법
   ❸ 대학 생활에 적응하는 방법
   ❹ 외국어 공부를 잘 하는 방법

4. 들은 내용과 같으면 ○표, 다르면 ×표 하십시오.

   (1) 이 사람은 지금 신문 기자이다. ( )

   (2) 이 사람은 바쁠 때 성적이 더 좋았다. ( )

   (3) 시간 관리를 잘 하기 위해 메모하는 습관이 좋다. ( )

   (4) 마감 시간을 정해 놓고 일을 하면 시간에 쫓기게 된다. ( )

5. 들은 내용을 다음 표에 정리해 보십시오.

〈제목: 〉		
	메모	요약
첫 번째 방법	시간을 대하는 마음	
두 번째 방법		
세 번째 방법	계획을 짜고 메모하는 습관	
네 번째 방법		

정리해 봅시다

여러분은 누구를 초대해서 강연을 듣고 싶습니까? 무엇에 대한 강연을 듣고 싶습니까?

03 성격

학/습/목/표 성격 형성에 관련된 내용을 듣고 이해할 수 있다.

준비해 봅시다

1. 성격은 선천적인 것일까요? 후천적인 것일까요? 다음을 읽고 선천적인 것과 관계가 있으면 '선' 후천적인 것과 관계가 있으면 '후'라고 (　　　)안에 쓰십시오.

- 같은 혈액형인 사람들은 비슷한 성격을 가지고 있다. (　　　)
- 외아들이나 외동딸 중에는 이기적인 성격의 사람이 많다. (　　　)
- 여자 형제가 많은 남자는 보통 부드러운 성격을 가지고 있다. (　　　)
- 다른 환경에서 자란 쌍둥이가 같은 취미를 가지고 있다. (　　　)
- 맏이는 다른 형제보다 보통 책임감이 강하다고 한다. (　　　)
- 큰 사고를 당한 후 우울증에 걸리고 매사에 소극적으로 변했다. (　　　)
- 우울증은 특별한 유전자때문에 생긴다고 한다. (　　　)

2. 성격에 영향을 주는 것은 무엇이라고 생각합니까?

어휘 연습

⊙ 맞는 단어를 찾아서 (   ) 안에 쓰십시오.

불안감	긍정적	성격 형성	정서적	성향	양육 방식

(1) 어린 아이의 (   )에 가장 큰 영향을 주는 것은 부모이다.

(2) 그 사람은 외아들로 자라서 그런지 자기 뜻대로 하려는 (   )이/가 있다.

(3) 사람들 앞에서 발표할 때는 실수할지도 모른다는 (   ) 때문에 긴장을 많이 한다.

(4) 아무리 어려운 상황이 닥치더라도 (   )인 마음으로 해결책을 찾도록 노력하는 것이 좋다.

(5) 전업주부와 취업주부는 아이를 키우는 (   )에서 차이를 보일 수밖에 없다.

(6) 부모의 사랑을 충분히 받지 못하고 큰 아이는 (   )(으)로 불안한 면을 보인다.

들어 봅시다

01 다음을 듣고 질문에 대답하십시오. 03 01

1. 이 사람은 무엇에 대해 상담하고 있습니까? (   )

① 학업 문제 ② 성격 문제
③ 건강 문제 ④ 이성 문제

2. 들은 내용과 같으면 ○표, 다르면 ×표 하십시오.

(1) 이 사람은 긍정적인 성격의 사람이다. (   )

(2) 이 사람은 잠깐 학교를 쉬고 있다. (   )

(3) 이 사람은 자동차 사고로 운전에 겁을 먹게 되었다. (   )

02 다음을 듣고 질문에 대답하십시오. 03 02

1. 어떤 종류의 이야기입니까? (　　)

❶ 조언　❷ 비판　❸ 설명　❹ 감상

2. 들은 내용과 같으면 ○표, 다르면 ×표 하십시오.

(1) 이 사람은 상담센터에 근무한다. (　　)

(2) 이 사람은 자신의 성격 때문에 고민하고 있다. (　　)

(3) 긍정적으로 고민하는 것도 좋은 고민 해결 방법이다. (　　)

03 다음을 듣고 질문에 대답하십시오. 03 03

1. 중심 내용을 고르십시오. (　　)

❶ 부모의 양육 방식을 개선해야 한다.
❷ 부모의 가장 중요한 역할은 아이 양육이다.
❸ 성격 형성에 중요한 환경적 조건은 부모이다.
❹ 생후 1년간은 어머니가 아이를 직접 키워야 한다.

2. 들은 내용과 같으면 ○표, 다르면 ×표 하십시오.

(1) 성격의 기본은 어린 시절에 형성된다. (　　)

(2) 성격은 태어나기 전에 이미 이루어지는 것이다. (　　)

(3) 부모의 양육 방식 때문에 성인이 된 후 우울증을 앓을 수도 있다. (　　)

3. (　　) 안에 알맞은 말을 쓰십시오.

대부분의 성격 이론에서는 ____________ 이/가 ____________ 에 미치는 영향이 중요하다는 점을 인정하고 있다.

04 다음을 듣고 질문에 대답하십시오. 03 04

1. 무엇에 대한 뉴스입니까? ( )

① 기업 대표들의 혈액형
② 혈액형에 따른 취업 조건
③ 혈액형과 직업의 관계
④ 혈액형에 따른 연봉 차이

2. '근무환경과 복지제도'가 근무조건으로 중요하다고 생각하는 응답자의 혈액형을 순서에 따라 쓰십시오.

________형 > ________형 > ________형 > ________형

3. 들은 내용과 같으면 ○표, 다르면 ×표 하십시오.

(1) 혈액형을 보고 사원을 뽑는 기업이 많다 ( )

(2) A형은 직장을 고를 때 연봉을 중요시하는 사람이 많다. ( )

(3) 연세일보에 다니는 직장인들을 대상으로 한 조사 결과이다. ( )

(4) 돈을 다루거나 계산 같은 일은 B형 사람들이 많이 하고 있었다. ( )

4. 다음 사람들의 성격으로 볼 때 각각 무슨 혈액형일지 맞혀 보십시오.

이름	김미선	오형진	권순철	유미란
혈액형	( )형	( )형	( )형	( )형
성격	냉철한 면이 있고 눈치가 빠르며 세심함.	활달하고 열정적임.	낙천적이고 새로운 것에 호기심이 많음.	성실하고 꼼꼼하며 신중함.

5. 다음 직업에 어떤 혈액형의 사람이 적당할지 이야기해 보십시오.
왜 그렇게 생각하는지도 이야기해 보십시오.

직업	혈액형	직업	혈액형
의사		공무원	
외교관		아나운서	
연예인		여행 가이드	
의상 디자이너		신문기자	
교사		법관	

정리해 봅시다

친구의 혈액형을 추측해 보고 왜 그렇게 생각하는지 이야기해 보십시오.

04 실수와 사과

학/습/목/표 실수와 사과에 관련된 내용을 듣고 이해할 수 있다.

준비해 봅시다

1. 다음은 외국인이 한국에서 하는 실수들입니다. 제일 많이 하는 실수는 무엇일까요? 3개를 골라 보십시오.

- 돈을 잘못 냈다. ☐
- 버스나 지하철을 잘못 탔다. ☐
- 높임말이나 반말을 잘못 썼다. ☐
- 손동작이나 몸동작을 잘못 이해했다. ☐
- 한국말 발음을 잘못해서 창피를 당했다. ☐
- 식사할 때 한국식 예의에 어긋나는 행동을 했다. ☐
- 한국말을 잘못 알아들어서 약속을 지키지 못했다. ☐
- 문자나 이메일을 보낼 때 한글을 잘못 써서 오해를 샀다. ☐

2. 여러분이 한국에서 했던 실수를 말해 보십시오.

어휘 연습

⊙ 맞는 단어를 찾아서 (   ) 안에 쓰십시오.

사과문	요구	변명	진정성	개선	보상	용서

(1) 거짓이 없이 바르고 진실 됨. (   )

(2) 잘못한 일을 꾸짖거나 벌하지 않고 덮어 줌. (   )

(3) 공식적으로 사과하는 뜻을 적은 글 (   )

(4) 필요한 것을 달라고 청함. (   )

(5) 자신의 잘못을 덮으려고 하나하나 이유를 밝힘. (   )

(6) 전보다 더 좋게 고침. (   )

(7) 남에게 신 빚이나 받은 물건을 갚음. (   )

들어 봅시다

01 다음을 듣고 질문에 대답하십시오. 04 01

1. 무엇에 대한 뉴스입니까? (   )

❶ 공연을 취소한 가수의 사과 ❷ 관객들의 사과 요구
❸ 공연 취소에 대한 안내 ❹ 공연을 앞둔 가수의 심정

2. 들은 내용과 같으면 ○표, 다르면 ×표 하십시오.

(1) 가수 백진주는 공연을 끝까지 진행하려고 했다. (   )

(2) 가수 백진주의 사과문은 신문에 실렸다. (   )

(3) 가수 백진주는 공연 도중에 목이 아프기 시작했다. (   )

02 다음을 듣고 질문에 대답하십시오. 04 02

1. 어떤 내용의 방송입니까? (　　)

❶ 실수　❷ 사과
❸ 요구　❹ 용서

2. 들은 내용과 같으면 ○표, 다르면 ×표 하십시오.

(1) 뉴스 보도를 할 때 기자가 말실수를 했다. (　　)

(2) 뉴스 보도 영상의 실수는 편집 과정에 있었다. (　　)

(3) 이 방송은 지난 3일에 있었던 사건을 알려주는 것이다. (　　)

03 다음을 듣고 질문에 대답하십시오. 04 03

1. 무엇에 대한 이야기입니까? (　　)

❶ 실수　❷ 사과
❸ 변명　❹ 용서

2. 이 사람이 먹은 것은 무엇입니까?

(　　　　　　　　　　　　)

3. 들은 내용과 같으면 ○표, 다르면 ×표 하십시오.

(1) 이 사람 집에서는 개를 키우고 있다. (　　)

(2) 이 사람은 오래된 음식을 먹어서 배탈이 났다. (　　)

(3) 이 사람의 어머니는 요리 학원에서 배운 된장찌개를 만들어 놓았다. (　　)

04 다음을 듣고 질문에 대답하십시오. 04 04

1. 무엇에 대한 이야기입니까? ( )

❶ 여러 나라의 사과 ❷ 사과할 때 주의할 점
❸ 피해야 할 사과 표현 ❹ 효과적인 사과 방법

2. 게리 채프먼에 대해서 맞게 설명한 것을 고르십시오. ( )

❶ 언어학자이다.
❷ 각 나라의 사과에 대해서 연구했다.
❸ 사과하는 방법을 가르치는 사람이다.
❹ 적절한 사과에 대해 자신의 책에 소개했다.

3. 들은 내용과 같은 것을 고르십시오. ( )

❶ 미안하다고 말할 때 무엇이 미안한지 말하는 것이 좋다.
❷ 같은 잘못을 하면 어떻게 보상하겠다는 약속은 별로 효과적이지 않다.
❸ 앞으로 다시 잘못하지 않겠다는 각오는 변명처럼 들리니 피해야 한다.
❹ 사과의 신성성을 보여주기 위해서는 말보다 행동으로 표현하는 것이 좋다.

4. 들은 내용대로 사과의 방법과 표현을 다음 표에 정리해 보십시오.

	방법	실제 표현
1		
2		
3	자신의 책임을 인정한다.	내가 잘못했어. 내가 실수했어.
4		
5		

5. 다음 상황에 적당한 사과 표현을 쓰고 친구와 사과의 대화를 해 보십시오.

상황	적당한 사과 방법 및 표현
길이 막혀서 약속 시간에 늦었다. (친구에게 사과하기)	
보고서 마감일을 지키지 못하게 되었다. (교수님께 사과하기)	
친구에게 빌린 노트북을 잃어버렸다. (친구에게 사과하기)	
발표 준비를 못해서 같은 팀 친구들에게 피해를 주게 되었다. (팀원들에게 사과하기)	
행사 장소를 잡지 못해서 동아리 행사를 취소하게 되었다. (학우들에게 공식적으로 사과하기)	

정리해 봅시다

친구의 사과 표현을 들어보고 누구의 사과가 가장 적절한지, 그 이유는 무엇인지 말해 보십시오.

05 부탁과 거절

학/습/목/표 부탁 또는 거절에 관련된 내용을 듣고 이해할 수 있다.

준비해 봅시다

1. 친구가 돈을 빌려달라고 할 때 할 수 있는 대답들입니다. 그림의 사람들은 어떻게 말할까요? 다음 중에서 골라보십시오.

부탁을 들어준다.	분명히 거절한다.	친구를 비난한다.	일단 확답을 피한다.	이유나 핑계를 댄다.

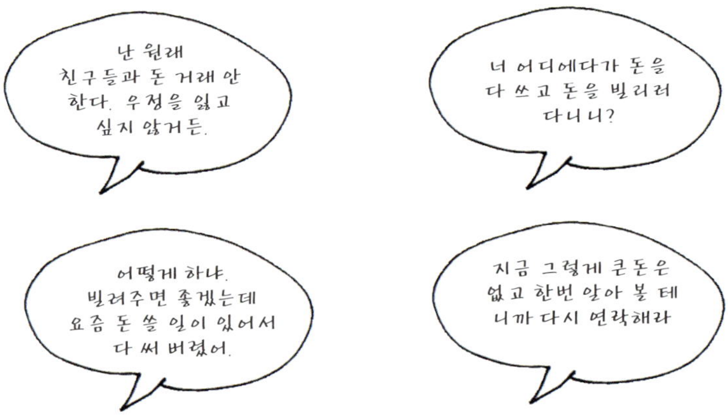

2. 위의 상황에서 여러분은 어떻게 대답하겠습니까?

어휘 연습

⊙ 맞는 단어를 찾아서 (   ) 안에 쓰십시오.

부탁을 드리다	부탁을 들어주다	요청하다	거절하다	핑계를 대다

(1) 박 교수님께 추천서를 써 달라고 (   )어/아/여 보면 어떨까?

(2) 사람들에게 봉사 활동을 하러 가자고 하면 바쁘다는 (   )으면서/면서 거절하는 경우가 가장 많다고 한다.

(3) 과 사무실에 이번 행사비를 지원해 달라고 정식으로 (   )으려고/려고 한다.

(4) 공부를 도와 달라는 후배의 부탁을 (   )기가 어려워서 도와주기로 했다.

(5) 친구에게 어려운 부탁을 했는데 걱정하지 말라고 하면서 (   )겠다고 했다.

들어 봅시다

01 다음을 듣고 질문에 대답하십시오. 05 01

1. 무슨 부탁을 합니까? (   )

❶ 책을 빌려 달라는 부탁
❷ 책을 선물해 달라는 부탁
❸ 책을 달라는 부탁
❹ 책을 사다 달라는 부탁

2. 들은 내용과 같으면 ○표, 다르면 ×표 하십시오.

(1) 이 책은 동아리에서 필요한 책이다. (   )

(2) 두 사람은 같은 동아리 회원이다. (   )

(3) 남자는 명품문고에서 아르바이트를 하고 있다. (   )

02 다음을 듣고 질문에 대답하십시오. 05 02

1. 무슨 부탁을 합니까? ( )

① 성적 우수 장학금을 달라는 부탁
② 대출을 받도록 도와 달라는 부탁
③ 근로 장학생으로 추천해 달라는 부탁
④ 입사에 필요한 추천서를 써 달라는 부탁

2. 학생의 부탁에 대한 교수의 반응은 어떻습니까? ( )

① 가능하면 들어주려고 한다.
② 들어주겠다고 분명히 말한다.
③ 회의를 핑계로 거절하려고 한다.
④ 장학금을 이미 받았으니까 안 된다고 한다.

03 다음을 듣고 질문에 대답하십시오. 05 03

1. 남자의 부탁에 대한 여자의 태도로 가장 맞는 것은 무엇입니까? ( )

① 화를 낸다.
② 곤란해 한다.
③ 불쾌해 한다.
④ 안타까워한다.

2. 여자가 캠코더를 안 빌려주는 이유는 무엇입니까? ( )

① 사용 방법이 복잡해서 남자가 사용을 못 할까 봐
② 새로 산 물건이기 때문에 빌려주고 싶지 않아서
③ 사진 동아리에 더 좋은 카메라들이 많기 때문에
④ 자신도 그 날 사용할 계획이 있어서

3. 남자가 이후에 할 행동은 무엇일까요? ( )

① 새 캠코더를 산다.
② 아르바이트를 한다.
③ 학생회관 동아리 방에 간다.
④ 야외 수업에 참석을 안 한다.

04 다음을 듣고 질문에 대답하십시오. 05 04

1. 무엇에 대한 이야기입니까? ( )

① 거절의 기술 ② 거절의 이유
③ 거절의 심리 ④ 거절의 결과

2. 거절을 잘 못 하는 사람들과 관계가 없는 것은 무엇일까요? ( )

① 착한 사람이 되어야 한다고 생각한다.
② 사람과 사람 사이의 갈등을 불편해 한다.
③ 자신이 남보다 똑똑하지 못하다고 생각한다.
④ 가능하면 다른 사람들의 부탁을 들어주려고 한다.

3. 들은 내용과 같으면 ○표, 다르면 ×표 하십시오.

(1) 다른 사람의 부탁을 들어 주면 보통 착한 사람으로 평가 받는다. ( )

(2) 모든 사람에게 같은 방법으로 거절하는 것이 좋다. ( )

(3) 갈등이 없는 인간관계는 있을 수 없다. ( )

4. 다음 상황에 맞는 거절 방법은 무엇인지 들은 내용을 중심으로 표에 요약해 봅시다.

상황	거절 방법
(1) 관계 없는 사람의 요청/부탁	
(2) 공적인 상황에서의 요청/부탁	
(3) 친한 사람의 요청/부탁	

5. 다음은 위의 1) ~ 3)의 상황 중 어느 것에 해당합니까?
옆 친구와 함께 표에서 요약한 방법대로 거절하는 대화를 만들어 봅시다.

가) 친구가 이사하는 것을 도와달라고 할 때
나) 모르는 사람이 불우이웃돕기 성금을 내라고 할 때
다) 학생이 교수에게 대기업 인턴사원으로 추천하는 추천서를 써 달라고 할 때

정리해 봅시다

여러분이 거절을 당해서 기분이 나빴던 경험, 그리고 거절을 당했는데도 기분이 나쁘지 않았던 경험에 대해 이야기해 보십시오.

06 서비스센터

학/습/목/표 서비스센터에 관련된 내용을 듣고 이해할 수 있다.

준비해 봅시다

1. 소비자보호원에 가장 많이 접수되는 불만사항은 어느 것이라고 생각합니까? 세 가지를 고르고 그 이유를 말해 보십시오.

- 자동차 ☐
- 전자 상거래 ☐
- 전자기기 ☐
- 신용카드 ☐
- 세탁 관련 ☐
- 건강식품 ☐
- 어학교재 ☐
- 휴대폰 ☐
- 유아용품 ☐

2. 여러분 나라에도 소비자보호원과 같은 기관이 있습니까? 가장 많이 접수되는 불만 사항은 무엇일까요?

어휘 연습

⊙ 맞는 단어를 찾아서 ( ) 안에 쓰십시오.

고객 상담실 환불 교환 소비자보호원 품질 보증서 피해 보상

(1) 본 제품을 구입하신 후 1년 이내에 제품의 문제로 인해 피해가 발생할 경우 우리 회사에서 ( )을/를 해 드리도록 하겠습니다.

(2) 지난주에 구입한 컴퓨터에 문제가 생겨서 제조회사의 ( )에 연락한 후에 무상 수리를 받았다.

(3) 며칠 전에 백화점에서 운동화를 하나 샀는데, 너무 작아서 더 큰 사이즈로 ( ) 하였다.

(4) 수리를 받은 후에 똑같은 문제가 발생하면 구입한 가격으로 ( )을/를 받을 수 있다.

(5) 물건을 살 때는 문제가 생겼을 때를 대비해서 ( )을/를 꼼꼼히 읽어 보고 AS규정도 확인해 봐야 한다.

(6) 물건을 산 후에 문제가 생겼을 때, 구입한 곳에서 해결해 주지 않으면 ( )에 연락하여 문제를 해결할 수 있다.

들어 봅시다

01 다음을 듣고 질문에 대답하십시오. 06 01

1. 무엇에 대한 이야기입니까? ( )

❶ 환불 요청 ❷ 배달 요청 ❸ 무상 수리 요청 ❹ 피해 보상

2. 들은 내용과 같으면 ○표, 다르면 ×표 하십시오.

(1) 손님은 운동화의 디자인이 마음에 안 든다. ( )

(2) 손님은 처음에 물건을 교환하려고 전화를 했다. ( )

(3) 물건의 포장을 뜯은 후에는 돈으로 돌려받을 수 없다. ( )

02 다음을 듣고 질문에 대답하십시오. 06 02

1. 무엇에 대해서 이야기하고 있습니까? ( )

❶ 세탁비 청구 방법
❷ 세탁물 피해 보상 규정
❸ 세탁물 피해 상담
❹ 의류에 대한 불만 접수

2. 들은 내용과 같은 것을 고르십시오. ( )

❶ 세탁물 피해에 대해서 소비자보호원 직원이 상담한다.
❷ 소비자의 실수로 문제가 생긴 경우에는 도움을 받을 수 없다.
❸ 도움을 받고 싶으면 반드시 직접 물건을 가지고 방문해야 한다.
❹ 세탁물 피해에 대한 전문가의 심의는 월요일부터 금요일까지 진행된다.

03 다음을 듣고 질문에 대답하십시오. 06 03

1. 손님은 왜 이곳에 전화를 했습니까? ( )

❶ AS를 요청하려고
❷ 환불을 받으려고
❸ 담당자에게 항의하려고
❹ 소비자의 피해를 고발하려고

2. 이 제품은 어떤 문제가 있었습니까? ( )

❶ 화면의 색이 변했다
❷ 이상한 소리가 난다
❸ 접속이 느리다
❹ 화면이 선명하지 않다

3. 들은 내용과 같으면 ○표, 다르면 ×표 하십시오.

(1) 손님은 처음부터 돈을 내고 수리를 받았다. ( )

(2) 처음 수리를 받은 후에 같은 문제가 다시 발생하면 환불을 받을 수 있다. ( )

(3) 같은 문제로 두 번째 수리를 받을 때에 돈을 내지 않아도 된다. ( )

04 다음을 듣고 질문에 대답하십시오. 06 04

1. 무엇에 대한 이야기입니까? ( )

① 여가 시간의 증가로 인해 영화 예매 사이트가 많이 생겨났다.
② 예매 전문 사이트로 인해 피해를 당하는 경우가 많아지고 있다.
③ 예매 전문 사이트를 이용하면 할인된 가격으로 영화를 볼 수 있다.
④ 예매 후 환불이 빨리 이루어지지 않아서 소비자의 불만이 생기고 있다.

2. 예매 사이트에서 당한 피해의 사례가 아닌 것을 고르십시오. ( )

① 원하는 좌석을 선택하여 예매하기 어려웠다.
② 예매 사이트의 담당자와 연락이 빨리 되지 않는다.
③ 예매를 한 후에 극장에 갔으나 예매가 안 되어 있었다.
④ 좌석이 남아 있는데도 좌석이 없는 것으로 나타나서 예매를 못했다.

3. 예매 사이트에서 피해를 당하지 않기 위해서 소비자가 해야 할 일을 골라서 순서대로 번호를 쓰십시오.

(1) 소비자 보호원에 문의하여 도움을 받는다. ( )

(2) 해당 사이트에 글을 올려 피해 사실을 알린다. ( )

(3) 이의를 제기한 내용을 출력하거나 복사해서 보관한다. ( )

4. 소비자의 피해를 예방하기 위한 방법은 무엇입니까? (　　　)

❶ 회사에 이메일을 보낸다.
❷ 다양한 이벤트를 통해서 표를 구한다.
❸ 영화 전문 사이트의 가격을 비교한다.
❹ 표를 구입하기 전에 피해 사례가 있는지 확인한다.

5. 여러분의 친구가 다음과 같은 일을 경험했습니다. 여러분이 똑같은 피해를 당하지 않으려면 어떻게 해야 할까요?

이름	문제점	피해 사실
영수	운동화를 산 후에 영수증을 버렸다.	다른 제품으로 교환하고 싶었지만 하지 못했다.
미진	인터넷 쇼핑 사이트에서 구입한 가방에 문제가 있어서 환불하려고 했지만 그 회사는 환불 요청을 거절했다. 미진이는 회사의 홈페이지에 항의하는 글을 남겼지만, 그 글은 회사 측에 의해서 곧바로 삭제되었다.	환불을 받지 못했다.
희수	여름 휴가를 가려고 처음 접속한 여행사 사이트에서 비행기 좌석을 예매했다. 그 사이트는 문제가 많아, 피해를 당한 사람이 많은 사이트였다. 희수는 출발하는 날 공항에 가서 예약이 안 되었다는 말을 들었다.	여행을 가지 못했다.

정리해 봅시다

서비스센터를 이용할 때 불편한 점을 이야기해 보십시오.

07 변화

학/습/목/표 변화에 관련된 내용을 듣고 이해할 수 있다.

준비해 봅시다

1. 어린 시절과 지금을 비교할 때 가장 많이 달라진 것이 무엇이라고 생각합니까? 순서를 써 보십시오.

- 자신의 국가의 경제력 (　　　)
- 자신의 성격 (　　　)
- 고향의 거리 모습 (　　　)
- 통신 기술 (　　　)
- 세계의 기후 (　　　)
- 사람들의 가치관 (　　　)

2. 10년 후에는 어떤 것들이 변할까요? 이야기해 봅시다.

어휘 연습

⊙ 맞는 단어를 찾아서 (　　) 안에 쓰십시오.

늘다　　줄다　　올라가다　　내려가다　　증가하다　　감소하다

(1) 등록 학생수는 2000년에 890명이었는데 2010년 1370명으로 (　　　　　).

연도	2000년	2010년
등록 학생수	890명	1370명

(2) 연 평균 기온은 1970년 12. 1°C에서 13.2°C로 (　　　　　).

연도	1970년	2010년
연 평균 기온	12. 1°C	13.2°C

(3) 근로자들의 월 평균 근로 시간은 1990년대 52.2시간에서 48.6시간으로 3.6시간 (　　　　　).

연도	1990년대	2000년대
월 평균 근로시간	52. 2	48.6

들어 봅시다

01 다음을 듣고 질문에 대답하십시오. 07 01

1. 무엇에 대한 이야기입니까? (　　)

① 지역의 모습의 변화　　② 주택 양식의 변화

③ 식생활의 변화　　④ 하숙집의 변화

2. 들은 내용과 같으면 ○표, 다르면 ×표 하십시오.

(1) 여자는 10년 만에 한국에 왔다. ( )

(2) 여자는 기숙사에서 살고 있었다. ( )

(3) 학생 식당의 메뉴가 모두 바뀌었다. ( )

02 다음을 듣고 질문에 대답하십시오. 07 02

1. 무슨 변화에 대해 이야기하고 있습니까? ( )

① 스포츠 스타의 성향
② 스포츠 스타의 외모
③ 스포츠 스타의 운동 실력
④ 스포츠 스타의 훈련 방법

2. G세대에 대한 설명으로 맞지 <u>않는</u> 것은 무엇입니까? ( )

① 88 올림픽 전후에 태어났다.
② 독재 정치를 경험하지 않았다.
③ 개인보다 국가를 먼저 생각한다.
④ 경제적으로 넉넉한 어린 시절을 보냈다.

03 다음을 듣고 질문에 대답하십시오. 07 03

1. 무슨 변화에 대한 이야기입니까? ( )

① 국내에 사는 외국인 수
② 다문화 가족의 거주 지역
③ 결혼이민자들의 출신 국가
④ 정부의 다문화 가족 지원 서비스

2. 들은 내용과 같으면 ○표, 다르면 ×표 하십시오.

(1) 2009년 현재 외국인은 66만명이다. ( )

(2) 외국인이 가장 많이 사는 지역은 경기도이다. ( )

(3) 2050년에는 다문화 가족이 총 인구의 2%를 차지할 것이다. ( )

3. 외국인 체류자와 결혼이민자들을 위한 정부의 계획은 무엇입니까?

외국인 체류자:

결혼이민자:

04 다음을 듣고 질문에 대답하십시오. 07 04

1. 무엇에 대한 이야기입니까? ( )

❶ 인구 구성의 변화
❷ 노인 인구의 증가
❸ 의료 기술의 발전
❹ 자녀 양육비 문제

2. 들은 내용에서 말하지 <u>않은</u> 통계는 무엇입니까? ( )

❶ 출산율
❷ 노인 인구 비율
❸ 평균 수명
❹ 실업률

3. 들은 내용과 같으면 ○표, 다르면 ×표 하십시오.

(1) 1980년에는 한 가정에서 평균 2~3명 정도 낳았다. ( )

(2) 출산율 관련 표어에서는 늘 적게 낳기를 권장했다. ( )

(3) 2007년말 현재 노인인구는 전체 인구의 3.3%를 차지한다. ( )

4. 다음은 시기별 가족계획 표어입니다. 〈보기〉에서 맞는 표어를 골라 넣어 보십시오.

1963년	1971년	1982년	2004년

보기

❶ 무조건 낳다 보면 가족 모두 거지 된다.
❷ 아빠! 하나는 싫어요. 엄마! 저도 동생을 갖고 싶어요.
❸ 둘도 많다. 하나만 낳아 잘 기르자.
❹ 아들 딸 구별 말고 둘만 낳아 잘 기르자.

5. 원인과 문제를 들은 대로 쓰고 해결 방법을 생각해 봅시다.

	저출산	노인 인구 증가 / 고령화
원인	1. 2. 여성이 일과 양육을 동시에 하기 힘든 사회제도	1. 좋아진 생활환경 2.
문제		

정리해 봅시다

부모님 세대와 지금을 비교할 때 다음이 어떻게 변했는지 간단히 이야기해 보십시오.

정치 경제 과학/의학 기술 의식주 가족 환경

08 인터넷

학/습/목/표 인터넷에 관련된 내용을 듣고 이해할 수 있다.

준비해 봅시다

1. 인터넷을 할 때 무엇을 합니까? 가장 자주 이용하는 순서대로 번호를 써 보십시오.

- 정보 검색 (　　　)
- 이메일 (　　　)
- 소셜 네트워크 서비스 (　　　)
- 인터넷 쇼핑 (　　　)
- 인터넷 뱅킹 (　　　)
- 게임 및 오락 (　　　)

2. 하루 중 컴퓨터에 접속하는 시간은 얼마나 됩니까?

어휘 연습

⊙ 맞는 단어를 찾아서 (　　) 안에 쓰십시오.

글을 남기다　글을 올리다　댓글을 달다　퍼가다/퍼오다　접속하다　즐겨 찾다

(1) 친구의 블로그에 안부 인사를 썼다. (　　　　　)

(2) 인터넷 신문기사를 읽고 밑에 의견을 한 문장으로 썼다. (　　　　　)

(3) 친구 블로그의 사진을 내 홈피로 가져 왔다. (　　　　　)

(4) 컴퓨터를 켜고 인터넷에 연결했다. (　　　　　)

(5) 나의 블로그에 영화를 본 후의 느낌을 썼다. (　　　　　)

(6) 신문 사이트에 자주 들어간다. (　　　　　)

들어 봅시다

01 다음을 듣고 질문에 대답하십시오. 08 01

1. 무엇에 대한 이야기입니까? (　　)

❶ 인터넷 사용 시간　❷ 인터넷으로 하는 일
❸ 인터넷 예절　❹ 인터넷 기술의 발달

2. 이 사람은 인터넷으로 주로 무엇을 합니까? (　　)

❶ 교제 및 오락　❷ 홈페이지 제작
❸ 토론　❹ 사이트 점검

02 다음을 듣고 질문에 대답하십시오. 08 02

1. 무엇에 대한 이야기입니까? ( )

❶ 외국인의 한국 적응에 도움을 주는 인터넷
❷ 인터넷을 이용한 국내 외국인의 한국어 공부
❸ 국내 외국인의 인터넷 활용을 위한 정부의 노력
❹ 국내 외국인의 인터넷 이용에 나타나는 한류 붐

2. 왕 씨에 대해 맞으면 ○표, 다르면 ×표 하십시오.

(1) 인터넷으로 한국 관련 정보를 검색했다. ( )

(2) 고향의 가족, 친구들에게 인터넷 화상 전화를 한다. ( )

(3) 인터넷 사전을 이용해 한국말 공부를 한다. ( )

03 다음을 듣고 질문에 대답하십시오. 08 03

1. 무엇에 대한 이야기입니까? ( )

❶ 학생들의 인터넷 이용 시간
❷ 학생들의 인터넷 이용 현황
❸ 인터넷에 대한 학생들의 인식
❹ 인터넷을 이용한 학생들의 여가 활동

2. 들은 내용과 같으면 ○표, 다르면 ×표 하십시오.

(1) 남자가 직접 설문조사를 했다. ( )

(2) 80% 정도가 인터넷을 이용한다고 대답했다. ( )

(3) 응답자들은 인터넷이 공부에 중요하지 않다고 생각한다. ( )

3. 다음 모임에서는 무엇에 대해 이야기할까요?

______________________________에 대한 이야기

04 다음을 듣고 질문에 대답하십시오. 08 04

1. 무엇에 대한 이야기입니까? ( )

❶ 인터넷 이용률의 변화 ❷ 시대에 따른 인터넷 이용분야
❸ 인터넷 이용실태 조사 결과 ❹ 연령별 인터넷 이용방식

2. 조사 결과에 대한 내용이 맞으면 ○표, 다르면 ×표 하십시오.

(1) 나이가 많은 응답자일수록 인터넷이 중요하다고 대답했다. ( )

(2) 남성이 여성보다 인터넷을 더 많이 이용한다. ( )

(3) 인터넷은 직장 업무에서도 중요한 역할을 하고 있다. ( )

3. 표를 채워 보십시오.

〈연령별 인터넷 이용률〉

10세 미만	10대~20대	30대	40대	50대
85%	______%	99%	84%	______%

4. 그래프를 완성해 보십시오.

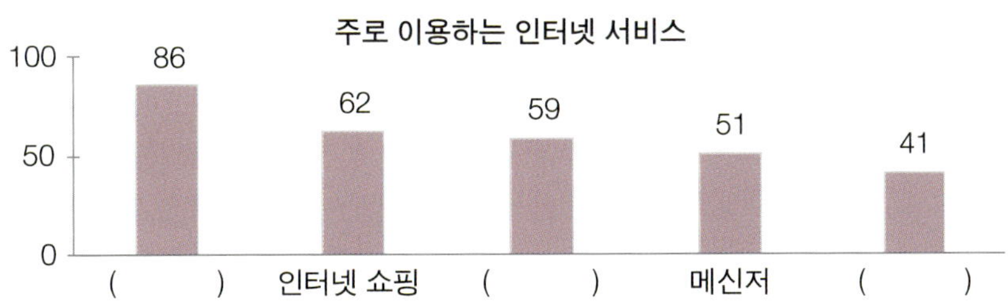

5. 완성된 위의 그래프를 가지고 들은 내용을 간단히 말해 보십시오.

정리해 봅시다

한국인과 여러분 나라 사람들의 인터넷 이용실태가 어떻게 다른지 이야기해 보십시오.

09 대중문화

학/습/목/표 대중문화에 관련된 내용을 듣고 이해할 수 있다.

준비해 봅시다

1. 다음 포스터를 읽고 무슨 공연인지 써 보십시오.

2. 여러분은 어떤 공연을 본 적이 있습니까? 어떤 공연을 보고 싶습니까?

어휘 연습

⊙ 맞는 단어를 찾아서 (　　) 안에 쓰십시오.

관객	청중	감상	무대	비평가

(1) 영화 〈아바타〉를 본 (　　　　)이/가 1000만 명을 넘었다고 한다.

(2) 피아노 연주가 끝났을 때 (　　　　)은/는 모두 일어나서 박수를 쳤다.

(3) 그 연극의 (　　　　)은/는 객석과 가까워서 배우들의 표정이 잘 보였다.

(4) 뮤지컬 〈대장금〉은 (　　　　)들에게 좋은 평가를 받았다.

(5) 오랜만에 음악회에 가서 오케스트라의 연주를 (　　　　)했다.

들어 봅시다

01 다음을 듣고 질문에 대답하십시오. 09 01

1. '우리 동네 콘서트'에 대해서 설명한 것 중 맞는 것을 고르십시오. (　　　)

① 대중가요를 부르는 노래 대회이다.
② 가족들이 함께 연주하는 음악회이다.
③ 동네 주민들이 모여서 악기를 연주한다.
④ 클래식 음악을 들을 수 있는 음악회이다.

2. 들은 내용과 같으면 ○표, 다르면 ×표 하십시오.

(1) 청중은 주로 음악을 좋아하는 청소년들이었다. (　　　)

(2) 연주자가 청중이 있는 곳으로 찾아가서 공연한다. (　　　)

(3) 여러 나라의 연주자들이 모여서 함께 공연한다. (　　　)

02 다음을 듣고 질문에 대답하십시오. 09 02

1. 무엇에 대해서 이야기 하고 있습니까? ( )

❶ 공연의 특징 ❷ 공연의 문제점
❸ 공연 장소 ❹ 관객들의 비평

2. 들은 내용과 같으면 ○표, 다르면 ×표 하십시오.

(1) 여자는 이런 공연에 익숙한 편이다. ( )

(2) 관객들은 공연 중에 휴대전화를 꺼야 한다. ( )

(3) 비보이의 춤은 길거리에서만 공연된다. ( )

03 다음을 듣고 질문에 대답하십시오. 09 03

1. 들은 내용에서 알 수 없는 것은 무엇입니까? ( )

❶ 가족 연극이 나타난 원인 ❷ 가족 연극의 의미
❸ 가족 연극의 내용 ❹ 가족 연극의 문제점

2. 가족 연극이 많이 나타나는 이유가 아닌 것은 무엇입니까? ( )

❶ 경제적 위기 ❷ 가족의 위기
❸ 사회 문제에 대한 관심 ❹ 일상에 대한 관심

3. 들은 내용과 같으면 ○표, 다르면 ×표 하십시오.

(1) 과거의 가족연극은 가족의 긍정적인 면을 표현하였다. ( )

(2) 경제가 어려워지면 가족을 통해서 어려움을 해결하고자 한다. ( )

(3) 최근의 가족에 대한 관심은 연극에서만 나타나고 있다. ( )

04 다음을 듣고 질문에 대답하십시오 09 04

1. 무엇에 대한 이야기입니까? (　　)

❶ 공연 감상문
❷ 축제에 대한 안내
❸ 전시회 관람 설명
❹ 탈춤 동아리 광고

2. 올해 열리는 축제의 가장 큰 특징은 무엇입니까? 쓰십시오.

(　　　　　　　　　　　　　　　　　　　　)

3. 들은 내용과 같으면 ○표, 다르면 ×표 하십시오.

(1) 탈춤을 배우고 싶은 사람을 위한 행사이다. (　　)

(2) 행사에 참여하는 사람은 자신이 만든 탈을 써야 한다. (　　)

(3) 탈 만들기를 배우고 싶은 사람은 입장료를 내야 한다. (　　)

4. 들은 내용과 같은 것을 고르십시오. (　　)

❶ 올해 탈춤 페스티벌은 15회째이다.
❷ 탈춤 페스티벌에서는 전통 탈춤만 공연될 것이다.
❸ 이번 행사에는 모두 15개의 공연단이 참가할 것이다.
❹ 축제의 개막식에는 외국인 유학생들도 참여할 것이다.

5. 축제의 포스터를 만들어 봅시다.

정리해 봅시다

여러분이 본 공연 중에서 친구에게 추천해 주고 싶은 것은 무엇인지 이야기해 보십시오.

10 건강

학/습/목/표 건강에 관련된 내용을 듣고 이해할 수 있다.

준비해 봅시다

1. 여러분은 건강을 위해서 무엇을 하고 있습니까? ✔ 표시해 보십시오.

[습관]

- 다이어트를 한다 ☐
- 금연을 한다 ☐
- 편안한 마음으로 생활한다 ☐

[운동]

- 주기적으로 운동을 한다 ☐
- 가까운 거리는 걸어 다닌다 ☐
- 될 수 있는 대로 계단을 이용한다 ☐

[음식]

- 비타민을 섭취한다 ☐
- 제철 음식을 먹는다 ☐
- 인스턴트 음식을 먹지 않는다 ☐

2. 건강한 생활을 위해서 가장 중요한 것은 무엇이라고 생각합니까?

어휘 연습

⊙ 맞는 단어를 찾아서 (　) 안에 쓰십시오.

흡연	감염	비만	금연	폭식	우울증

(1) 세계적으로 (　　　　)으로/로 인해 폐암환자가 증가하고 있다.

(2) 바이러스의 (　　　　)을/를 막기 위해서 손을 자주 씻어야 한다.

(3) 패스트푸드의 섭취와 운동 부족이 (　　　　)의 원인이 되고 있다.

(4) 규칙적으로 밥을 먹지 않고 갑자기 (　　　　)하는 습관 때문에 건강이 나빠졌다.

(5) 스트레스때문에 (　　　　)으로/로 정신과 치료를 받는 사람이 많아졌다.

(6) 요즘 건강을 위해서 (　　　　)을/를 하는 사람들이 늘고 있다.

들어 봅시다

01 다음을 듣고 질문에 대답하십시오. ⑩ 01

1. 무엇에 대한 이야기입니까? (　　)

❶ 흡연과 지능지수　　❷ 청소년 흡연문제
❸ 흡연량 증가의 원인　　❹ 지능지수 검사법

2. 들은 내용과 같으면 ○표, 다르면 ×표 하십시오.

(1) 이 연구는 청소년들과 성인을 대상으로 실시되었다. (　　)

(2) 흡연을 하는 사람은 비흡연자보다 지능지수가 낮게 나타났다. (　　)

(3) 하루에 피우는 담배의 양은 지능지수와 관계가 없다. (　　)

02 다음을 듣고 질문에 대답하십시오. ⑩ 02

1. 무엇에 대한 이야기입니까? ( )

❶ 손 씻기의 효과
❷ 손 씻기 방법
❸ 신종 플루 예방법
❹ 식중독 예방법

2. 들은 내용과 같으면 ○표, 다르면 ×표 하십시오.

(1) 올해는 다른 해보다 눈병의 발생이 많았다. ( )

(2) 초등학교에서 손씻기 교육을 실시하였다. ( )

(3) 눈병에 걸리지 않으려면 손을 자주 씻어야 한다. ( )

03 다음을 듣고 질문에 대답하십시오. ⑩ 03

1. '학생 건강 장학금제'란 무엇입니까? ( )

❶ 건강한 학생에게 장학금을 주는 제도
❷ 전교 학생을 대상으로 건강검진을 하는 제도
❸ 장학금을 받기 위해 건강검진을 받아야 하는 제도
❹ 건강이 좋지 않은 학생에게 건강검진을 받게 하는 제도

2. 들은 내용과 같으면 ○표, 다르면 ×표 하십시오.

(1) 장학금을 받으려면 반드시 금연을 해야 한다. ( )

(2) 신입생들은 모두 의무적으로 건강검진을 받아야 한다. ( )

(3) 건강이 나쁜 학생은 반드시 휴학을 하고 치료를 받아야 한다. ( )

3. '학생 건강 장학금제'를 실시한 이유는 무엇입니까?

____

04 다음을 듣고 질문에 대답하십시오. 10 04

1. 무엇에 대해서 상담하고 있습니까?

   (   )과 스트레스

2. 이 환자의 증세의 원인과 결과를 바르게 짝지은 어느 것입니까? (   )

   ㄱ. 불안해서 잠을 자지 못한다.
   ㄴ. 음식을 한 번에 많이 먹는다.
   ㄷ. 스트레스가 너무 많이 쌓인다.
   ㄹ. 살이 너무 많이 찐다.

   ① ㄴ, ㄷ → ㄱ, ㄹ
   ② ㄱ, ㄴ → ㄷ, ㄹ
   ③ ㄴ, ㄹ → ㄱ, ㄷ
   ④ ㄱ, ㄷ → ㄴ, ㄹ

3. 들은 내용과 같은 것을 고르십시 오. (   )

   ① 환자는 의사에게 직장 생활의 어려움을 상담하고 있다.
   ② 스트레스를 해소하지 못하면 우울증에 걸릴 수도 있다.
   ③ 환자의 문제는 스트레스 때문에 잠을 자지 못하는 것이다.
   ④ 현대인들은 음식을 먹지 못해서 스트레스를 많이 받고 있다.

4. 환자의 증세를 만든 가장 큰 원인은 무엇입니까? (   )

   ① 불면증
   ② 스트레스
   ③ 소화 장애
   ④ 회사일에 대한 부담

5. 이러한 문제를 해결하기 위한 의사의 처방을 예상해서 써 보십시오.

   ① ____________________
   ② ____________________
   ③ ____________________

정리해 봅시다 10 05

의사의 처방과 자신이 쓴 것을 비교해 보십시오.

부록

01 듣기 지문

02 모범 답안

듣기 지문

제1과 학교 생활

01 01

01 [들어 봅시다]

신입생 여러분들 중 동아리에 들어오고 싶으신 분들을 위해 간단히 안내해 드리겠습니다. 가입은 온라인과 오프라인으로 할 수 있습니다. 둘 다 먼저 가입신청서를 작성하셔야 하는데, 온라인은 동아리 커뮤니티에 오셔서 '가입신청서'란을 클릭하신 후 작성해 주시면 되고, 오프라인은 학생회관 앞에 홍보테이블이 있으니 직접 오셔서 가입신청서를 받아 작성해 주시면 됩니다. 가입신청서를 제출하면 동아리 회장의 승인을 얻어 회원이 됩니다.

01 02

02 [들어 봅시다]

우리 동아리의 회원이 되려면 먼저 우리 동아리의 목적에 동의를 해야 하고 동아리 활동에 적극적으로 참여할 수 있는 우리 대학교 재학생이어야 합니다. 가입을 원하는 학생은 가입 원서를 제출하고 회장의 승인을 얻은 후에 회원 자격을 가지게 됩니다. 그리고 가입 후 두 번 이상 정기모임에 참여해야 정회원이 됩니다. 동아리의 회원은 회칙을 지켜야 하며 회비를 내야 할 의무가 있습니다. 동아리 회원이 휴학할 경우에는 회원 자격이 정지되며, 복학 후 재가입을 하면 회원 자격이 회복됩니다.

01 03

03 [들어 봅시다]

저희 뮤즈는 '공연 예술 분과' 소속의 음악동아리입니다. 힙합이나 R&B 음악을 비롯한 다양한 음악을 듣고 정보를 나누는 것을 목적으로 하고 있습니다. 평소 음악에 관심이 있으셨거나 좋아하시는 분들, 또 음악을 알고 싶으신 분, 그리고 직접 랩이나 노래를 해보거나 곡을 만드는 것에 관심이 있으신 분들께서는 부담 없이 저희 동아리의 문을 두드려주셨으면 좋겠습니다. 생긴 지는 10년으로 역사가 아주 긴 편은 아니지만 음악에 대한 열정 그리고 동아리에 대한 열정은 다른 어느 동아리보다 뜨겁습니다. 회원 수는 30명 정도로 그리 많지 않아 가족적인 분위기를 느낄 수 있으실 겁니다. 동아리 선배 중에는 작곡가, 래퍼로 활발하게 활동 중인 분들도 많습니다. 신입생 여러분들의 적극적인 관심과 사랑을 기대하겠습니다.

01 04

04 [들어 봅시다]

사회자 : 학우 여러분 안녕하세요? 오늘은 신입생과 재학생 여러분들에게 동아리를 소개하는 두 번째 시간으로 타임 동아리의 회장으로 계시는 신석호님을 모셨습니다. 안녕하세요, 회장님? "TIME" 동아리는 무엇을 하는 동아리인가요?

신석호 : "TIME"은 학술 분과에 소속된 영어 스터디 동아리인데요. "TIME" 잡지로 영어공부를 하면서 친목을 다지는 곳입니다.

사회자 : 동아리 소개를 좀 간단하게 해 주시겠어요?

신석호 : 2002년 11월에 친구 5명이 모여 처음 만든 동아리인데 지금은 회원 수가 50명이 넘는 인기 있는 동아리입니다. 매주 화요일부터 금요일까지 오후 6시에 동아리방에 모여서 2시간동안 "TIME"지에 실린 기사의 내용을 해석하면서 영어공부도 하고, 관련된 정치 사회 경제 문제에 대해서 토론도 합니다. 그리고 토론이 끝나면 대부분 다 같이 학교 앞 식당에서 밥도 먹고 술도 마시면서 선후배가 같이 어울리는 곳입니다.

사회자 : 아, 그렇군요. 그런데 이 동아리에 들면 좋은 점은 어떠한 것이 있나요?

신석호 : 가장 좋은 점은 영어실력이 쑥쑥 늘어난다는 것입니다. 계속해서 영어잡지를 읽고 이야

기를 하다보면 자기도 모르게 영어 단어도 많이 알게 되고, 읽기 능력뿐만 아니라 말하기 실력도 향상됩니다. 두 번째는 세계에서 일어나는 여러 가지 일을 통해 세상을 보는 시야가 넓어진다는 점입니다. 마지막으로, "TIME"이라는 동아리는 우리 학교뿐 아니라 나른 여러 대학교에도 있습니다. 다른 대학과의 연합 토론을 하고 있어서 다른 학교의 학생들과 만나서 교류를 할 수 있다는 장점이 있습니다.

사회자 : 네, 아주 유익한 동아리인 것 같습니다. 혹시 이 동아리에 가입하고 싶어 하는 분들을 위해서 가입 안내 좀 해 주시겠습니까?

신석호 : 우리 동아리는 우리 학교 신입생, 재학생이라면 누구든지 가입할 수 있습니다. 가입을 원하면 신입 회원 신청서를 써서 제출하시면 됩니다. 회비는 한 학기에 2만원입니다. 하지만 신입회원은 1년 동안 준회원 자격만 가지며, 1년 후에야 정회원이 될 수 있습니다. 준회원은 질문을 하거나 아니면 듣기만 해도 되는 반면 정회원은 기사를 맡아 한사람씩 발표를 해야 합니다. 신입회원들에게는 1년동안 동아리에 익숙해질 시간, 그리고 선배님들이나 동기들과 친해질 시간을 드리는 것입니다.

제2과 학교 행사

02 01

01 [들어 봅시다]

안녕하십니까? YBS 오후 방송입니다. 다음 주는 우리 학교 정기 축제 기간인데요. 다양한 행사가 마련되어 있다고 합니다. 이번 축제는 '아름다운 젊음'이란 제목으로 13일부터 나흘 동안 열릴 예정이며 행사 첫째 날 경영대 축제를 시작으로 여러 행사가 차례로 진행된다고 합니다. 행사 둘째 날인 14일에는 문과대 축제가 열리며 응원제도 마련될 예정입니다. 또한 15일에는 각 단과대별로 진행되는 체육대회와 가요제가 열릴 계획이며 마지막 날인 16일 저녁에는 야외극장에서 인기 가수들의 축하 공연도 있습니다. 젊음을 즐기고자 하는 학우들의 많은 참여와 성원을 부탁드리겠습니다.

02 02

02 [들어 봅시다]

여학생 : 오늘은 우리 학교 정기 축제 행사를 준비하고 있는 총학생회 회장 이동욱 씨를 모시고 말씀을 나눠 보도록 하겠습니다. 회장님, 안녕하세요?

남학생 : 네. 안녕하세요? 이번 축제를 준비하고 있는 총학생회 회장 이동욱입니다.

여학생 : 수고가 많으십니다. 이번 축제는 예전 축제와 다른 점이 많다고 들었는데요.

남학생 : 네. 우선 이번 축제의 특징은 술이 없는 축제라는 것입니다. 기존의 축제처럼 술을 마시며 어울리기보다는 놀이를 통해 즐길 수 있는 축제가 됐으면 합니다.

여학생 : 그렇다면 다른 음식을 파는 장터도 열리지 않게 되나요?

남학생 : 아니요, 장터는 예전과 마찬가지로 도서관 앞 광장에서 열립니다. 다만 주류를 팔지 않는다는 거지요.

여학생 : 아, 그렇군요. 그 밖에 다른 행사들로는 어떤 것들이 있을까요?

남학생 : 총학생회는 교내 곳곳을 돌아다니며 꽃마차 타기 행사를 하고 간호학과는 꽃 배달 서비스를 실시합니다. 또한 공과대 학생회는 학생회관 앞에서 장애인 체험과 스타크래프트 게임대회를 여는 등 예전의 축제와 다른 내용의 행사들이 많이 준비되어 있습니다.

여학생 : 어느 때보다도 새롭고 재미있는 축제가 될 것 같군요. 무척 기대가 됩니다.

02 03

03 [들어 봅시다]

4월 첫째 주에 열릴 1차 특강은 경영학과 학생회가 사회 각 분야에서 리더로 활약 중인 명사와 스타강사를 초청하여 신입생들을 대상으로 진행할 예정입니다. 또한 4월 둘째 주에 열리는 2차 특강은 신입생과 재학생들의 리더십을 키우기 위한 글로벌 리더십을 주제로 진행될 예정입니다. 이번 특강은 앞으로 사회에 진출할 대학생들의 리더십을 키우고 세계에 진출해 자신의 능력을 충분히 발휘하는 데 큰 영향을 줄 거라고 생각합니다. 이번 특강에 참여할 학생은 3월말까지 우리 학교 인터넷 포탈사이트에 접속하여 신청하면 됩니다. 특강별로 선착순 50명까지 신청을 받으니 서둘러 신청해 주시기 바랍니다. 또한 이번 행사에 참여한 후에 자신의 경험을 글로 써서 등록하면 10명을 뽑아서 여름방학에 열릴 리더십 특강에 무료 참가의 기회를 줄 예정입니다. 개별 강의에 대한 자세한 일정은 해당 사이트를 보시기 바랍니다.

🔊 02 04

04【들어 봅시다】

안녕하십니까? 저는 한국심리학회 연구원 이종원입니다. 이렇게 여러분들에게 특강을 하게 되어서 반갑고 기쁘게 생각합니다. 오늘은 대학 생활을 시작하는 여러분께 어떻게 하면 시간 관리를 잘 하는지에 대해서 말씀을 드리고자 합니다.

첫 번째로 시간을 대하는 마음에 대해서 말씀드리겠습니다. 만일 여러분에게 시간이 많다면 성적이 더 좋아질까요? 많은 분들이 그럴 것이라고 대답할 것 같습니다. 시간이 없어서 시험 준비를 못했다는 말은 가장 하기 쉬운 핑계니까요. 그런데 저는 할 일이 많고 시간이 없었을 때 성적이 오히려 더 좋았습니다. 왜냐하면 시간이 많을 때보다 더욱 시간의 소중함을 잘 알게 되었고 그래서 그 적은 시간을 누구보다 열심히 사용하려고 노력했으니까요.

두 번째 방법은 어떤 일을 효과적으로 처리하기 위해서는 마감 시간을 잘 지키는 습관을 길러야 한다는 것입니다. 저는 대학교 2학년 때부터 대학 신문의 기자로 활동했습니다. 기자가 지켜야 할 것은 식사 시간이 아니라 기사 마감 시간이었습니다. 마감 시간이 있으면 지금은 무엇을 하고 다음은 무엇을 해야 하는지 단계별로 계획을 세우게 됩니다. 그렇게 하면 오늘 할 일을 내일로 미루는 일도 줄어들고 시간에 쫓기지도 않으면서 시간을 잘 사용할 수 있게 됩니다.

시간을 관리하는 세 번째 방법은 계획을 짜고 메모하는 습관을 기르는 것입니다. 메모를 꼼꼼하게 하는 습관은 시간을 잘 관리할 수 있게 합니다.

네 번째 방법은 중간 중간 남는 시간을 잘 이용하는 것입니다. 친구를 기다리면서 남는 시간에 책을 읽거나 외국어 듣기 연습을 하면 왠지 시간을 번 것 같아서 기분이 좋습니다. 이렇게 시간 관리를 위한 몇 가지 방법을 말해 봤는데 어떠셨나요? 벌써 알고 계신 분들도 많을 것입니다. 그러나 그것이 여러분의 머릿속에만 있고 아직 행동으로 옮기지 않았다면 소용없겠지요? 알고 있는 것을 바로 행동으로 옮기는 것도 또 다른 시간 관리 비결입니다.

제3과 성격

🔊 03 01

01【들어 봅시다】

다음은 고민 상담 코너에 들어온 사연을 하나 소개해 드리겠습니다. 우이동에 사시는 20대 여성의 사연입니다. "저는 걱정이 지나치게 많은 성격이라서 너무 피곤해요. 저의 이런 성격을 고치려고 해봤는데 잘 안 되더라고요. 걱정하는 게 하루 일과예요. 차를 샀는데 사고 날 것 같아서 운전도 못하고 있다가 결국 다시 팔아버렸어요. 또 자려고 누우면 졸업은 제때 할지, 졸업하고 취직은 제대로 할지 걱정하느라고 잠도 못 잘 때가 많아요. 지금 휴학 중이어서 곧 복학도 해야 되는데 복학은 언제 할지 수업은 잘 따라갈 수 있을지 점점 걱정이 커져만 가요. 걱정이 없어 보이는 친구들을 보면 부럽기도 하고요. 이런 성격, 고칠 수 있을까요?"

🔊 03 02

02【들어 봅시다】

안녕하세요? 서울시 상담센터입니다. 김영순 씨의 사연에 대해 도움 말씀드릴게요. 김영순 씨는 걱정이 많은 것이 고민이시군요. 사람들마다 다양한 성격을 가지고 있기 때문에 각기 신경을 쓰는 부분이 다를 것이라 생각됩니다. 그런데 김영순 씨께서는 지나치게 모든 것을 부정적으로 생각하는 것 같습니다. 하루 일과의 많은 부분을 차지하는 걱정들을 왜 하게 됐는지 생각해보시고 가볍게 넘겨 버릴 것은 잊어버리도록 해 보세요.
그리고 지금 현재 당장 해결해야 할 걱정이라면 이를 개선하기 위해 긍정적인 고민을 해 보세요. 예를 들어 복학을 해서 수업을 따라가는 게 걱정이 된다면 '아는 선배나 후배에게 도와달라고 해야겠나'는 식으로 말이지요. 그래도 자신의 단점을 알고 고치려고 하는 김영순 씨의 모습은 매우 보기 좋군요. 힘내시기 바랍니다. 파이팅!

03 03

03 【들어 봅시다】

대부분의 성격 이론에서는 사회 환경이 성격 형성에 미치는 영향이 중요하다는 점을 인정하고 있습니다. 특히 성격 형성에 있어서 무엇보다도 큰 영향을 미치는 환경적인 조건은 부모입니다. 성격의 기본은 어린 시절에 형성되고 그 시기는 부모의 직접적인 양육을 받기 때문입니다. 따라서 부모가 자녀를 인정하지 않고 무관심하게 키울 경우 그것은 자녀들을 정서적으로 불안하게 만들 뿐만 아니라 나쁜 행동으로까지 몰고 갈 가능성이 있다고 합니다. 특히 생후 1년간 어머니와의 관계는 훗날 아이의 성격 발달에 크게 영향을 끼치는 것으로 알려져 있습니다. 어린 시절의 경험이 성인이 된 후에 어떤 성격으로 나타나는가를 조사한 연구결과를 보면 불안감이 높거나 우울증이 있는 경우, 그것은 대부분 어린 시절에 경험한 부모의 양육 방식과 관계가 있는 것으로 나타났습니다.

03 04

04 【들어 봅시다】

직업별 직장인의 혈액형을 조사한 결과 특정 직업에 특정 혈액형이 많이 분포하는 것으로 나타났습니다. 연세일보가 직장인 645명을 대상으로 '혈액형과 직업'에 대해 조사한 결과 재무회계직은 A형, 판매서비스직은 B형, 국내영업직은 O형이 많은 것으로 나타났으며 AB형은 전문직에 종사하는 사람이 많은 것으로 밝혀졌습니다.
이는 꼼꼼하고 성실한 A형의 경우 정확한 계산을 필요로 하는 직업에 적당하고 낙천적이고 창조적인 성격의 B형은 여러 사람을 상대하는 일에 어울리며 O형의 활달하고 열정적인 성향은 영업직과 같이 활동적인 직업에 알맞다는 일반론과도 일치합니다. 또한 AB형의 냉철하고 섬세한 면은 전문직에 잘 어울린다고 볼 수 있습니다.
한편 직장을 결정할 때 중요하게 생각하는 요인도 혈액형별로 다소 차이가 나는 것으로 조사됐습니다. A형 직장인 중에는 '높은 연봉'을 중요시한다는 응답자가 42. 2%로 가장 많았고 '근무환경과 복지제도'는 38.5%를 차지했습니다. 그러나 AB형 중에는 '근무환경과 복지제도'를 중요시한다는 응답이 51.8%로 매우 높았고 O형은 43.7%, B형은 40.2%, A형은 35%가 복지를 중시하는 것으로 나타났습니다. 또한 기업의 경영자 중에는 B형 혈액형이 가장 많은 것으로 조사됐습니다.

제4과 실수와 사과

04 01

01 【들어 봅시다】

가수 백진주 씨가 지난 주 열렸던 자신의 콘서트를 건강 이상으로 중단한 것에 대해 오늘 사과문을 발표했습니다. 백진주는 자신의 팬카페 사이트에 "저를 믿고 공연에 와주신 관객과의 약속을 지키지 못하게 되어 진심으로 죄송하다"며 "가수의 생명은 건강인데 제 몸을 제대로 돌보지 못한 책임이 크다. 진심으로 고개 숙여 사과드린다"는 내용의 사과문을 적어 올렸습니다.
또한 "관객들의 박수 소리에 힘내서 마지막까지 공연을 마치고 싶었으나 아침부터 아프던 목이 공연 중 무리를 해 결국 목소리가 나오지 않게 되어 어쩔 수 없이 무대를 내려오게 되었다"며 안타까운 마음을 전했습니다.

04 02

02 【들어 봅시다】

정규 방송에 앞서 지난 3일 7시 뉴스의 부적당한 보도 영상에 대해 공식 사과의 말씀을 드리겠습니다. 이 날 교통사고 현장을 지나치게 생생하게 보여드린 영상은 가족들이 다 같이 시청하는 시간대에 방영하기에 적당하지 않았습니다. 기본적으로 어제와 같은 영상은 편집 과정에서 빼야 했습니다만 제작진의 실수로 편집을 제대로 하지 못했습니다. 시청자 여러분의 귀한 저녁 시간을 불쾌하게 만든 점 다시 한 번 깊이 사과드립니다. 또한 앞으로는 제작 과정에 더욱 더 주의를 하여 이러한 실수가 다시는 되풀이되지 않도록 하겠습니다. 저희 방송에 관심을 가져 주셔서 감사드리며 앞으로 더 좋은 방송을 만들 것을 약속드리겠습니다.

04 03

03 【들어 봅시다】

다음은 상암동에 사시는 김연주 씨의 사연입니다.

몹시 배가 고픈 어느 날이었어요. 집에 들어오자마자 전 '뭐 먹을 거 없나?'하며 이곳저곳을 뒤지기 시작했죠. 그러나 냉장고는 텅텅 비어 있었고 저는 배고픔으로 슬슬 짜증이 나기 시작했어요. 그런데 상 한 쪽에 빨간 냄비가 놓여 있는 게 아니겠어요? 냄비 뚜껑을 여는 순간 제가 제일 좋아하는 된장찌개 냄새가 났고 찌개 안에는 밥까지 들어 있었어요. 저는 급하게 그 된장찌개를 먹었어요. '음~! 맛있다. 그런데 이 냄새와 맛은 뭐지? 평소 먹던 된장찌개와는 좀 다른데... 엄마가 요즘 요리학원 다니시더니 새로운 된장찌개를 배워 오셨나?' 뭔가 평소와 달랐지만 아무튼 전 그렇게 된장찌개를 맛있게 먹었답니다. 잠시 후 어머니께서 들어오시더니 부엌에서 뭔가를 열심히 찾으시더라고요. '이상하네..분명 여기다 뒀는데 그게 어디로 갔을까?' '엄마, 뭘 찾는데?' '응, 뽀삐 주려고 개밥을 해놓고 갔는데 그게 어디로 갔지?' '잘 찾아봐! 그런데 엄마, 요즘 요리학원에서 된장찌개 배웠어? 된장찌개 맛이 독특하던데...' 그 순간 어머니는 절 쳐다보시며 이렇게 말씀하셨어요. '아니 뽀삐 주려고 해 놓은 걸 네가 먹었단 말이니?' 아이고, 제가 먹은 건 바로 집에서 키우는 개, 뽀삐에게 주려고 어머니께서 끓여 놓은 개밥이었던 겁니다. 그 독특한 맛의 된장찌개가 개밥이라니... 덕분에 전 그날 저녁 화장실에서 살았습니다.

04 04

04 【들어 봅시다】

심리학자와 언어학자들은 어떻게 하면 적절한 사과를 할 수 있는지에 대해서 오랫동안 연구해 왔습니다. 심리학자인 게리 채프먼도 자신의 책에서 효과적인 사과를 위한 다섯 가지 방법을 다음과 같이 소개하고 있습니다.

첫 번째로 우리는 흔히 미안하다는 말을 하면서 사과를 하는 경우가 많은데 "미안해"라는 말 뒤에 "하지만.." "그런데.." 같은 말을 덧붙이는 것은 오히려 역효과를 내는 경우가 많습니다. 따라서 사과의 앞뒤로 변명의 말은 안하는 것이 좋습니다.

둘째, 미안하다고 이야기할 때는 무엇이 미안한지를 구체적으로 표현해야 합니다. 예를 들어, 그냥 "미안해"라고 하기보다는 "오랫동안 기다리게 해서 미안해"라고 하는 것이 더 효과적입니다. 구체적인 사과는 자신의 잘못에 대해 정확하게 알고 있다는 것을 보여주기 때문입니다.

셋째는 자신의 책임을 인정하기 위해 "내가 잘못했어. 혹은 내가 실수했어."라고 명확히 표현하는 것입니다. 이렇게 하면 사과의 진정성을 더 확실하게 나타낼 수 있습니다.

넷째, 사과를 할 때 앞으로 같은 문제가 발생한다면 어떻게 하겠다는 개선이나 보상의 내용을 구체적으로 약속하는 것도 좋습니다. 예를 들어 회사일로 가족들과 시간을 못 보낸 아버지가 가족들에게 "미안해. 앞으로 한 달에 두 번은 꼭 가족들과 시간을 보내도록 할게"라고 앞으로의 실행 계획을 약속하는 것이 '미안해'라는 것보다 훨씬 효과적입니다.

다섯 번째로, 공식적인 상황에서 사과를 할 때는 앞으로 다시는 이런 일이 생기지 않을 것을 공개적으로 약속해야 합니다. 기업이 사과문을 내면서 "다시는 이런 일이 발생하지 않도록 최선을 다하겠습니다."라고 하는 것도 그 때문입니다.

제5과 부탁과 거절

05 01

01 [들어 봅시다]

여자 : 민호야, 안 그래도 너에게 전화하려고 했는데 잘 만났다.
남자 : 무슨 일 있니?
여자 : 응. 정말 미안하지만 너한테 부탁할 게 하나 있어.
남자 : 뭔데?
여자 : 너 오늘 광화문에서 아르바이트 하는 날이지? 너희 가게 근처에 명품문고 있잖아. 거기서 책 세 권만 사다 줄래?
남자 : 급한 거야?
여자 : 우리 연구회에서 필요한 책인데 내가 내일까지 사다 놓기로 했거든.
남자 : 한국문학 연구 동아리 말이지?
여자 : 응, 근데 깜빡하고 있었지 뭐야. 오늘 마지막 수업 듣고 가면 문이 닫혀 있는 시간이라....
남자 : 알았어. 이따가 아르바이트 시작하기 전에 좀 일찍 가서 사 놓지 뭐.
여자 : 정말 고맙다. 역시 너는 내 부탁을 들어줄 줄 알았어. 이거 책 제목들이고... 다음에 내가 꼭 밥 한 번 살게.

05 02

02 [들어 봅시다]

학생 : 교수님 안녕하세요? 교수님께 부탁드릴 말씀이 있어서 찾아 왔습니다.
교수 : 어서 들어오게.
학생 : 저기... 혹시 교수님께서 저를 근로 장학생으로 추천해 주실 수 있나 해서요.
교수 : 지금까지 한 번도 장학금 받은 적 없나?
학생 : 1학년 2학기 때 한번 성적 우수 장학금을 받은 적이 있습니다.
교수 : 그래? 장학금은 가능하면 많은 학생들한테 골고루 주자는 건데..
학생 : 네, 저도 알고 있습니다만 작년부터 집안에 문제가 생겨서 등록금 마련하기가 좀 힘들어졌습니다. 그래서 조금이라도 제 힘으로 돈을 벌수 있으면 벌어보려고요.
교수 : 음.. 그렇군. 알겠네. 나 혼자 결정하는 게 아니라 교수 회의를 통해 결정해야 할 문제이지만 가능하면 자네 부탁을 들어줄 수 있도록 노력해 보겠네.

05 03

03 [들어 봅시다]

남자 : 수정 씨, 부탁드릴 게 하나 있는데요. 혹시 캠코더 있으세요?
여자 : 네, 있는데요. 왜요?
남자 : 사실은요 제가 이번 금요일에 야외 수업을 나가는데 가서 캠코더로 좀 찍어 가지고 와야 할 것들이 있거든요. 정말 죄송한데 혹시 좀 빌릴 수 있을까요?
여자 : 그래요? 그런데 산 지 얼마 안 되는 새 거고 최신 모델이라 사용하기도 좀 복잡하실 텐데.... 저도 아직 설명서를 안 읽었어요.
남자 : 같이 여행 가는 사람 중에 카메라를 아주 잘 다루는 사람이 있어서 깨끗하게 쓰고 돌려 드릴 수 있을 것 같은데..
여자 : 너무 죄송해요. 제가 조금 쓰던 거면 모르겠는데 저도 한 번밖에 안 쓴 새 거라서 빌려드리기가 좀 그렇네요. 학생회관 UCC 동아리 같은 데에 아는 사람이 있으면 거기에서 빌리실 수 있을 것 같은데요.
남자 : 아, 그런 방법이 있었어요? 그럼 거기서 알아봐야겠네요. 아무튼 감사합니다.

05 04

04 [들어 봅시다]

거절은 상대방에게 상처를 남길 수 있기 때문에 거절을 잘 하지 못하는 사람들이 많습니다. 그러나 착한 사람이 되기 위해 끊임없이 다른 사람의 부탁을 들어주다 보면 피곤한 인생이 되기 쉽습니다. 내 인생의 주인공이 되려면 분명한 삶의 목표와 방향을 가지고 필요할 때 거절을 잘 할 수 있어야 합니다.
그러기 위해서는 생각을 바꾸어야 합니다. 항상 좋은 사람이 되어야 한다는 착한 사람 콤플렉스를 버리고, 인간관계에는 기본적으로 어느 정도의 갈등이 있다는 사실을 알아야 합니다. 대인관계에서 다른 사람한테 끌려 다니지 않으려면 거절이 필요하다는 것, 그리고 당장은 불편해도 앞으로의 대인관계와 나의 행복에 도움이 된다는 것을 깨달아야 하는 것입니다. 그리고 사람들은 늘 부탁을 들어주려고 하는 사람보다 거절해야 할 때 분명히 거절하고 자존심을 지키는 사람을 더 높이 평가합니다.
거절에도 기술이 있고 연습이 필요합니다. 먼저 내가 관심도 없고 나와 관계없는 사람들의 요청이나 부탁에 대해서는 분명하게 그리고 상대가 거절을 받아들일 때까지 반복적으로 거절을 해야 합니다. 예를 들어 보험을 들라는 판매원의 요청에 대해서는 핑계를 대지 말고 '관심 없다', '보험에 들고 싶지 않다'고 분명하게 말하는 것이 좋습니다. 핑계를 대면 그것에 대한 질문이 나오고 이야기가 길어집니다.
공적인 상황에서는 어떨까요? 이때는 조직의 가치관이나 원칙을 거절의 이유로 설명해서 상대의 이해를 구해야 합니다. 예를 들어 학교에서 장학금을 받기 위해서, 또는 대학원에 입학하기 위해서 추천서를 써 달라고 하거나 수업에 결석한 것을 출석한 것으로 처리해 달라거나 하는 학생들의 부탁은 장학금이나 추천서의 기본 원칙, 또 수업 출석과 관련한 학교의 기본적인 가치관 등을 잘 설명해 주어서 적절하지 않은 요청이나 부탁을 거절해야 합니다.
친구나 어느 정도 친한 동료 사이에서의 거절도 이유를 말해주는 것이 좋습니다. 그러나 추상적인 이유, 누구나 생각할 수 있는 이유가 아닌 그때 그때 상황에서 부탁을 들어줄 수 없는 이유를 구체적으로 자세히 설명해 주는 게 좋습니다. 예를 들어 친구가 돈을 빌려달라고 했을 때 '요즘 돈 없다' 보다는 '이번 달에 어머니 생신이라 돈을 많이 썼고, 수업에서 필요한 책을 사야하기 때문에 또 돈을 써야 한다'라는 식으로 설명하는 것이 좋습니다.

제6과 서비스센터

06 01

01 【들어 봅시다】

직원 : 가나마트 고객 상담실입니다. 무엇을 도와드릴까요?

고객 : 지난주에 인터넷 쇼핑으로 운동화를 샀는데, 막상 배달된 물건을 보니 색상이 너무 어둡고 사이즈도 작아서 도저히 신을 수가 없습니다. 그래서 환불을 하고 싶은데요.

직원 : 죄송합니다만, 고객님께서 물건의 포장을 열어보셨기 때문에 사이트의 규정상 환불은 불가능합니다.

고객 : 그러면 다른 운동화로 교환하는 것은 가능한가요?

직원 : 구입하신 지 1주일밖에 지나지 않았기 때문에 교환이 가능합니다. 물건을 구입하신 영수증과 운동화를 택배로 보내 주시면 원하시는 상품으로 바꿔드리도록 하겠습니다. 고객님 불편을 드려서 죄송합니다.

고객 : 알겠습니다. 감사합니다.

06 02

02 【들어 봅시다】

최근 세탁과 관련된 소비자의 불만 및 의문사항이 많아짐에 따라 저희 소비자보호원에서는 매주 수요일 전문가를 모시고 의류 사고의 원인이 무엇인지, 잘못이 누구에게 있는지를 알아보고 있습니다. 대상은 세탁소에서 발생된 의류 사고 즉 세탁물이 줄어들거나 색이 변하는 경우, 혹은 모양이 변형되는 경우 등입니다. 도움을 원하시는 소비자는 전화 779-1573으로 문의하시거나 직접 물건을 가지고 방문해 주시면 됩니다. 피해 세탁물 접수는 매주 월요일부터 금요일 오전 9시부터 6시까지입니다. 그러나 소비자의 잘못에 의해 발생한 문제는 상담대상이 아닌 점을 참고하시기 바랍니다.

06 03

03 【들어 봅시다】

가 : 가나전자 고객 상담실입니다. 무엇을 도와드릴까요?

나 : 네, 저... 3개월쯤 전에 컴퓨터를 구입했는데요. 다른 곳에 비해서 가격도 저렴하고 질도 좋아 보여서 그 제품을 샀습니다. 그런데 물건을 받아, 사용하려고 하니 액정 화면이 하얗게 변하고 잘 나오지 않았습니다. 그래서 AS를 신청했는데, 수리를 받은 후에도 여전히 문제가 없어지지 않았습니다. 이런 경우 환불을 받을 수는 없나요?

가 : 고객님, 저희 가나전자는 품질보증기간 이내에 정상적인 사용 상태에서 문제가 발생하는 경우에는 무상 수리를 해드리고 있습니다. 동일한 문제에 대해서 2회까시 수리를 하였지만, 같은 문제가 또 다시 발생하는 경우에는 수리가 불가능한 것으로 보아서 동일 제품으로 교환해 드리거나 환불해 드리고 있습니다. 고객님의 경우는 한 번 수리를 받으셨으니까, 한 번 더 AS를 받아 보시고 그래도 문제가 해결되지 않으면 환불해 드리도록 하겠습니다.

06 04

04 【들어 봅시다】

주 5일제 근무로 여가 시간이 증가하면서 여행 · 독서 · 연극 및 영화감상 등 다양한 취미 활동을 하는 사람들이 많아졌습니다. 이에 따라 다양한 이벤트를 개최하여 할인된 가격으로 소비자를 유혹하는 영화 예매 전문사이트도 많이 생겨나고 있습니다. 이들 영화 예매 전문사이트들은 "아직도 제값 내고 영화를 보십니까" 혹은 "무작정 영화관에 가서 몇 십분 이상을 기다리십니까"라는 광고를 이용하여 사람들을 유혹하고 있습니다.
그런데 최근 이들 사이트로 인한 피해가 점점 증가하고 있어 소비자들의 주의가 필요합니다. 주요 불만의 내용은 '예매 및 연락이 불가능하다는 건'이 89건, 85.6%로 거의 대부분을 차지하고 있으며, '예약 금액의 환불 지연'이 15건으로 14.4%를 차지하고 있습니다. 인터넷 사이트에서 예매를 한 후에 예약이 되었다는 메시지를 받고서 영화관에 갔으나, 예매 사실이 없다고 하여 영화를 보지 못하고 돌아오는 경우도 있었습니다. 또 좌석이 남아 있는데도, 컴퓨터 모니터에 좌석이 없다고 나타나서 예매하지 못 하는 경우도 있었습니다.
소비자들이 피해를 당하지 않기 위해서는, 먼저 인터넷으로 영화 할인티켓을 구입할 때에는 같은 사이트에서 이러한 피해를 당한 사례가 있는지를 확인해야 합니다. 그 다음에 영화 예매 과정에서 피해가 발생하면 먼저 그 회사에 이메일을 보내거나 홈페이지의 게시판에 글을 올려 피해 사실을 알려야 합니다. 회사 사이트에 올려 둔 메일이 삭제될 우려가 있으므로 자료를 출력하거나 복사하여 보관하는 게 좋습니다. 그리고도 해결이 안 된 경우에 마지막으로 한국소비자보호원에 문의하여 도움을 받도록 하십시오.

제7과 변화

07 01

01 【들어 봅시다】

여자 : 오래간만에 한국에 와 보니 신촌도 많이 달라졌네요.

남자 : 그래요? 뭐가 가장 많이 달라진 것 같아요?

여자 : 10년 전만 해도 이 근처에 주로 하숙집이나 일반 주택만 있었지 이런 가게나 식당은 없었던 것 같아요.

남자 : 그럼 식사는 하숙집에서 주로 해결하셨겠네요.

여자 : 네, 밖에서 먹어야 할 때는 학교 안에 있는 학생 식당에서 먹곤 했지요. 싸고 맛있었거든

요. 순두부가 가장 인기 있는 메뉴였는데 지금도 팔고 있는지 모르겠군요.

남자 : 순두부는 여전히 최고의 인기 메뉴예요. 10년이 지나도 변하지 않는 것이 있네요

🔊 07 02

02 【들어 봅시다】

남자 : 이번 동계올림픽 스피드 스케이팅에서 모태범 선수의 우승 세러모니 보셨어요?

여자 : 네, 손으로 하늘을 찌르는 모습이요? 울 줄 알았는데 밝게 웃던데요.

남자 : 쇼트트랙 남자 계주에서 동메달 딸 때의 모습도 인상적이었어요. 우리 선수 중 한 명이 신나는 한국의 댄스 음악에 맞춰 춤을 추던 모습이요.

여자 : 요즘 G세대 스포츠 스타들은 과거와 다른 것 같아요. 과거에는 메달을 따면 펑펑 울었거든요. 가난한 환경에서 어렵게 훈련받던 기억 때문에요. 하지만 요즘 스포츠 스타들은 표정이 밝고 태도도 당당해요. 머리 모양도 개성 있게 연출할 줄 알고요.

남자 : G세대라니요?

여자 : 1988년 서울올림픽 전후에 태어나 1990년대 중반 이후 넉넉한 환경에서 자란 세대예요. 대한민국에서 처음으로 경제적 가난도, 정치적 독재도 경험하지 않고 자랐고 세계화된 마인드, 즉 글로벌화한 마인드를 가지고 있다고 해서 G 세대라고 하지요. 세상에 대해 긍정적이고 개인의 만족을 중요하게 생각하는 세대라고 합니다.

남자 : 시대의 변화가 올림픽과 스포츠 스타의 모습에서도 분명히 느껴지는군요.

🔊 07 03

03 【들어 봅시다】

2009년말 현재 국내에 살고 있는 외국인은 87만 명으로 10년 전에 비해 66만 명 이상 늘어난 것으로 나타났습니다. 외국인이 가장 많이 살고 있는 지역은 경기도로 26만6천명이었으며 외국인 인구 증가율은 전라남도가 가장 높았습니다. 외국인 체류자가 급격히 늘어나면서 정부는 이들을 산업에 활용할 계획입니다.

이와 함께 다문화가족도 꾸준히 증가하고 있는데 한국보건사회연구원의 보고서에 따르면 다문화가족의 규모는 2009년 현재 27만 명에 불과하지만 2050년에는 220만 명으로 지금의 여덟 배로 증가할 것이라고 합니다. 이에 따라 전체 인구 중에서 다문화가족의 비율은 2009년 0.6%에서, 2050년 5%로 급격하게 높아집니다. 즉, 2050년에는 우리나라 인구의 20명 중 한 명이 외국인과 결혼한 다문화가족이 되는 셈입니다. 이처럼 결혼이민자가족이 새로운 가족유형으로 등장함에 따라 정부는 다문화가족지원센터를 운영하여 결혼이민자들이 한국 사회에 안정적으로 적응할 수 있도록 도울 계획입니다.

🔊 07 04

04 【들어 봅시다】

여자 : 오늘은 보건복지가족부의 신명훈 정책 실장님을 모시고 우리 사회의 인구 변화에 대해서 몇 말씀 나눠 보겠습니다. 먼저 바쁘신데 나와 주셔서 감사합니다. 대한민국 정부가 수립된 후 60년 동안의 사회변화를 쉽게 알아 볼 수 있는 통계자료를 정리하여 발표하셨는데요.

남자 : 네. 가장 눈에 띄는 것은 출산율 감소입니다. 출산율은 1960년 6 명에서, 1980년 2.8 명으로 감소했고 2007년 말 현재 1.3 명을 기록했습니다.

여자 : 출산율이 줄어든 원인으로는 어떤 것들이 있을까요?

남자 : 높은 자녀 양육비와 교육비, 그리고 여성들이 일과 아이 양육을 동시에 하기 힘든 사회제도 등 복합적입니다. 정부가 가족계획 정책 홍보 수단으로 사용했던 표어를 보면 사회 변화를 잘 알 수 있는데요. 출산율이 높던 1963년에는 아이가 생기는 대로 계획 없이 낳으면 경제적으로 매우 어려워질 것을 경고했고, 1971년에는 한 가정에서 두 자녀까지만 낳기를 권했습니다. 1982년에는 한 명만 낳기를 권장하다가 2004년부터는 낮은 출산율을 심각한 사회문제로 보고 많이 낳자는 내용으로 바뀌게 됩니다.

여자 : 출산율은 줄어든 반면 노인 인구는 많이 증가했지요?

남자 : 그렇습니다. 1955년 노인 인구는 71만4천 명으로 전체인구 중 3.3%를 차지했었는데 2007년 말 현재 481만 명으로 전체 인구의 10%정도를 차지하고 있습니다. 생활환경이 좋아지고, 의료 기술의 발전과 의료 시설 확충 등의 영향으로 평균수명은 1948년 46.8세에서 2006년 79.1세로 32. 3세나 높아졌습니다.

여자 : 출산율은 줄고 노인 인구는 증가하면서 문제도 예상되는데요.

남자 : 노인 1명을 부양해야 할 15세에서 64세까지의 생산인구가 1955년 17명에서 2007년 7명으로 감소해서 노인부양을 위한 사회적 부담은 갈수록 커질 것으로 예상됩니다.

제8과 인터넷

08 01

01 【들어 봅시다】

저는 컴퓨터를 켜면 먼저 이메일을 확인합니다. 그 다음 제 홈페이지에 들어가 짧게 일기를 쓰거나 사진을 올리면서 하루를 정리합니다. 친구들의 블로그나 미니홈피를 방문하여 인사의 글을 남기기도 하고 친구들이 올린 글이나 사진 밑에 댓글을 답니다. 친구들이 올린 것 중 마음에 드는 것이 있으면 내 홈페이지로 퍼갑니다. 그리고 내가 즐겨 찾는 방송국 사이트에 접속하여 드라마를 봅니다.

08 02

02 【들어 봅시다】

국내의 외국인들은 한국생활에 적응하는 데에 인터넷의 도움을 많이 받는 것으로 나타났습니다. 한국에 오기 전에는 한국문화, 한국어에 대한 정보를 인터넷에서 검색해서 한국에 대한 정보를 어느 정도 갖추고 오며, 한국에 온 후에는 고국에 있는 가족, 친구들과 메신저나 채팅 등으로 쉽게 연락을 주고받을 수 있기 때문에 외로움을 덜 느낍니다. 중국에서 온 왕철 씨의 경우 한 인터넷 사이트에서 제공하는 사전을 즐겨 이용하고 있습니다. 왕 씨에 의하면 인터넷 사진은 쉽게 단어를 찾을 수 있고 예문도 제공되는 데다가 한자 사전과 연결이 되어 있어서 한국어 어휘를 늘리는 데에 큰 도움이 된다고 합니다. 또 인터넷으로 한국의 드라마를 보고 한국 음악을 들으면 한국어 듣기 연습을 할 수 있을 뿐만 아니라 한국 사람들의 생활과 정서를 더 잘 이해할 수 있게 된다고 합니다.

08 03

03 【들어 봅시다】

여자 : 이번에는 웨이 씨의 설문 조사 결과를 들어보겠습니다. 웨이 씨는 학생들의 인터넷 이용 실태에 대해 조사하셨는데요. 설문 조사 결과를 간단히 발표해 주시기 바랍니다.

남자 : 네. 저는 초등학교, 중학교, 고등학교 학생 각 50명씩 설문지를 돌려서 대답을 정리해 봤습니다. 그 결과를 말씀 드리겠습니다. 학생들은 인터넷이 공부하는 데에 중요하다고 생각하면서도 실제로는 게임과 같은 여가활동에 인터넷을 활용하는 것으로 나타났습니다. 조사 결과 초등학생을 포함한 대부분의 학생들이 인터넷을 이용한다고 대답했습니다. 특히 학생 10명 가운데 8명 이상은 인터넷이 공부에 중요하다고 대답했습니다. 하지만 실제로 공부에 활용하는 비율은 적었습니다. 학생들은 인터넷으로 음악과 게임 등 여가활동을 가장 많이 한다고 대답했고, 이메일과 메신저가 뒤를 이었습니다.

여자 : 잘 들었습니다. 그럼 다음 모임에서는 학생들이 인터넷을 공부에 우선 활용할 수 있도록 하는 방법에 대해 논의해 보도록 합시다.

08 04

04 【들어 봅시다】

초고속인터넷이 발달한 우리나라의 인터넷 이용자는 일상생활에서 인터넷이 매우 중요하다고 생각하는 것으로 나타났습니다. 한국갤럽이 실시한 '2009년 인터넷 이용실태 조사' 결과에 따르면,

만 12세 이상 인터넷 이용자의 72. 3%가 '일상생활에서 인터넷은 중요하다'고 응답했으며 전반적으로 연령이 낮을수록 인터넷이 중요하다고 생각하는 것으로 나타났습니다.

한편, 만3세 이상 국민의 인터넷 이용률은 77. 2%인데 이 중 남성의 인터넷 이용률은 82. 4%, 여성은 71.9%이었습니다. 연령별로는 10대에서 30대까지의 젊은 층은 대부분이 인터넷을 이용하고 있었는데 특히 10대와 20대는 99.9%로 거의 100%의 이용률을 보였습니다. 30대도 99%로 나타났습니다. 10세 미만 아동 및 40대의 이용률도 각각 85%와 84%로 나타났습니다. 특히, 50대의 경우 인터넷 이용률이 처음으로 50%대를 넘은 52%로 나타났습니다.

주로 이용하는 인터넷 서비스를 살펴보면, 이메일 이용률이 86%로 가장 높았으며, 다음으로 인터넷쇼핑이 62%였습니다. 뒤를 이어 블로그 이용률 59%, 메신저 51%, 인터넷뱅킹 41%의 순이었습니다. 또한, 만 18세 이상 구직자의 77%가 인터넷을 통해 채용 정보를 얻고 이력서를 내는 등의 구직활동을 하고 있는 것으로 조사되었습니다.

이번 조사결과 인터넷은 우리 사회에서 언제 어디에서든 이용할 수 있는 시설이 갖추어져 있을 뿐만 아니라 이용자들의 학업, 직장업무 등의 일상생활에서도 중요한 역할을 하고 있는 것으로 나타났습니다. 정부에서는 앞으로도 인터넷이 보다 안정적이고 신뢰할 수 있는 생활미디어로 자리 잡을 수 있도록 계속 노력할 계획입니다.

제9과 대중문화

09 01

01 [들어 봅시다]

지난 11일 서울 마포구청에서 '우리 동네 콘서트'가 열렸습니다. '우리 동네 콘서트'는 주민들이 일상생활 속에서 음악을 감상할 수 있도록 연주자들이 매달 한 동네를 찾아가 공연을 하는 것입니다. 이 행사에 참석한 주민들은 대중가요 뿐 아니라 평소 접하기 힘든 클래식 음악을 무료로 감상할 수 있습니다. 이날 콘서트 장에는 노인과 주부, 어린이 등 콘서트장을 자주 찾지 못하는 주민 200여명이 객석을 가득 채웠습니다. 특히 이번 달은 '다문화가족 음악회'로 몽골 · 필리핀 · 캄보디아 · 인도네시아 · 일본 · 중국 등 다문화가족들이 참석, 부모와 자녀들이 함께 음악회를 즐겼습니다.

09 02

02 [들어 봅시다]

영수 : 주말에 뮤지컬 '비보이를 사랑한 발레리나'를 봤는데 볼 만하더라.

민희 : 그 뮤지컬이 인기가 있다는 말은 나도 들었어. 그런데 비보이와 발레리나의 만남이라니! 왠지 빠르고 강한 비보이의 춤은 발레와는 어울리지 않을 것 같은데 말이야.

영수 : 그렇지 않은 것 같았어. 관객들은 비보이의 춤과 발레리나의 무용이 함께 펼쳐지는 무대를 보면서 자유를 느낄 수 있어. 길거리 문화로 인식된 비보이의 춤과 발레라는 고급문화가 함께 공연되면서 고급문화와 대중문화를 나누려는 생각이 사라지게 되는 것이지.

민희 : 그런데, 이 포스터에 써 있는 '비언어 퍼포먼스'가 무슨 뜻이야?

영수 : 비언어 퍼포먼스는 언어를 사용하지 않고, 다양한 몸짓으로 이야기를 전달하는 공연이야. 그래서 나이와 관계 없이, 그리고 여러 나라에서 온 관객들도 다 같이 즐길 수 있지.

민희 : 그래? 뜻밖이다. 나는 젊은 사람들만 좋아할 줄 알았는데....

영수 : 공연이 시작되기 전 '공연 중 전화 통화가 가능하며, 마음껏 사진 찍고 인터넷에 올려도 좋다'는 안내말이 나와. 그 말을 듣고 조용하게 관람하는 것에 익숙한 관객들은 잠시 놀라지만, 곧 신나는 음악과 춤을 자유롭게 즐기게 돼.

09 03

03 [들어 봅시다]

요즘 소설에서 불던 가족 열풍이 연극 무대에서도 불고 있습니다. 다양한 가족문제를 다룬 연극을 '가족극'이라고 하는데, 가족은 남녀노소를 가리지 않고 모두가 공감할 수 있는 소재이기 때문에 관객들의 인기를 얻고 있습니다. 요즘은 사람들이 사회적인 문제보다 개인의 일상사에 대해 관심을 갖기 시작하면서, 연극에서도 가족을 소재로 한 가족극이 나타나게 된 것입니다. 그런데 최근의 가족극은 가족 간의 이해와 사랑을 주로 그린 전통적인 가족 연극에서, 한 발 더 나아가 가족 사이의 문제를 다루고 있습니다. 가족의 위기를 맞은 우리 사회의 현실이 연극을 통해서 그려지고 있는 것입니다. 그런데 가족 연극의 유행은 경제적 현실과도 관계가 있는 것으로 보입니다. 즉 경제가 어려워지면서 가족 간의 이해와 사랑을 통해 어려운 현실을 이겨 나가고자 하는 관객들이 극장을 많이 찾고 있는 것입니다.

09 04

04 【들어 봅시다】

이번 주의 문화가 소식을 전해 드리겠습니다.

안동국제탈춤페스티벌 행사가 오는 10월 29일부터 열흘간 열립니다. 전통적으로 우리 조상들은 집안에 나쁜 일이 일어나는 것을 막기 위해 여러 가지 표정의 탈을 집안에 걸어 놓기도 하고, 탈을 얼굴에 쓰고 춤을 추기도 했습니다. 그러나 시대가 변함에 따라서 이러한 전통은 점점 사라져가고 있습니다. 안동국제탈춤페스티벌은 사라져가는 탈춤을 현대화하기 위해 시작된 축제입니다.

탈춤으로 유명한 안동에서 올해로 열 번째를 맞는 이번 행사에는 일본을 비롯해 멕시코, 러시아 등 15개 나라에서 17개 공연단이 참가하며, 국내에서도 13개 탈춤 공연단이 참가해 수준 높은 공연을 선보일 예정입니다. 올해 축제의 가장 큰 특징은 탈춤의 현대화를 위해 전통 탈춤과 현대 탈춤으로 나누어 공연함으로써 관람객들의 선택 폭을 넓혔다는 점을 들 수 있습니다. 이를 통해서 기성세대들은 물론 신세대들도 직접 참여해 즐길 수 있도록 하였습니다.

또한 탈춤경연대회를 열어 누구나 탈을 쓰고 대회에 참가할 수 있도록 하였습니다. 관람객들은 신나게 춤도 추고 상품도 타 갈 수 있어 일석이조의 즐거움을 얻을 수 있을 것으로 보입니다. 이 밖에도 탈춤 그리기 대회 등 여러 가지 체험 행사들이 열릴 예정입니다. 탈 만들기 프로그램에서는 종이로 직접 탈을 만들고 여러 가지 색칠도 할 수 있으며, 입장료 5000원을 내면 누구나 참가할 수 있습니다.

또 이번 탈춤축제는 국제적인 축제답게 세계화를 지향하고 있습니다. 안동에서 공부하고 있는 외국인 유학생 50여명이 각자 탈을 만들어 쓰고 개막식 행사에 참가하는 것을 비롯해 세계 여러 나라의 탈을 600여점이나 전시하는 전시회를 마련하였습니다. 축제 관계자는 "축제 10년을 맞아 국제적인 축제로 자리 잡을 수 있도록 수준 높고 유익한 프로그램을 준비하여 성공적인 축제로 이끌어가겠다"고 말했습니다.

제10과 건강

10 01

01 【들어 봅시다】

담배를 피우는 사람은 평균적으로 비흡연자보다 지능지수가 낮고 담배를 많이 피울수록 지능지수가 낮아진다는 연구결과가 나왔습니다. 이스라엘 셰바 메디컬센터의 마크 웨이저 박사는 18세 청소년 2만211명의 자료를 분석한 결과, 담배를 하루 한 갑 피우는 청소년은 담배를 피우지 않는 사람에 비해 지능지수가 평균 7.5점 낮은 것으로 나타났다고 밝혔습니다. 흡연량이 하루 1~5개비인 사람은 지능지수가 98, 한 갑인 사람은 90으로 피우는 담배 개비 수가 많을수록 지능지수는 더욱 낮아지는 것으로 나타났습니다.

10 02

02 【들어 봅시다】

최근 독감이 유행하면서 손 씻기의 중요성이 강조되고 있습니다. 올해 초부터 각 초등학교마다 학생들에게 손 씻기 교육을 실시했습니다. 그 결과 여름이면 유행하던 눈병이 거의 나타나지 않아서 안과 의사들조차 놀라고 있습니다. 또한 급식으로 인해 자주 발생하던 식중독 소식도 올해는 별로 들리지 않았습니다. 이 모두가 손 씻기의 효과로 보입니다. 질병의 바이러스와 세균은 주로 손을 통해 다른 사람에게 옮겨져 발생합니다. 손을 깨끗하게 씻으면 바이러스의 전염을 막아 많은 병들로부터 사람들이 보호되는 것입니다.

10 03

03 【들어 봅시다】

천하대학교는 올해부터 신입생과 4학년 졸업반 학생들을 대상으로 교내 검진센터에서 의무적으로 건강검진을 하고, 2~3학년은 희망자 전원을 대상으로 검진을 하는 '학생 건강 장학금제'를 만들겠다고 밝혔습니다. 송진수 보건실장은 "검진 대상은 전체 학부생 1만4000명 전원"이라며 "올해 신입생은 지난 1일부터 검진을 받고 있고 졸업예정자도 검진을 받을 수 있다"고 말했습니다. 건강검진 결과 건강이 나빠 학교생활이 힘들다고 생각되는 학생은 학부모와 상의해 휴학을 하도록 한 후 치료를 하거나 수업을 하면서 치료받도록 할 계획입니다. 천하대학교의 이영미 총장은 "20대 초반 나이의 대학생들에게 건강의 중요성을 알리고 몸을 관리하는 방법을 알려주기 위해 건강장학금제를 시작하게 됐다"며 "학생 건강관리를 위해 학생회를 중심으로 비만 · 흡연 · 금주 교실 등 각종 건강교실도 열 계획"이라고 밝혔습니다.

10 04

04 【들어 봅시다】

환자 : 전 요즘 폭식으로 인해 하루에 1kg정도씩 살이 찌고 있어요. 한번 먹기 시작하면 자제할 수가 없고 너무 먹는 것에 집착하게 돼요. 또 먹고 나선 후회를 하고... 그래서 우울증까지 생기는 것 같아요. 안 먹으려고 해도 저녁에 뭘 먹고 있지 않거나 배가 고프면 불안해서 잠을 잘 수가 없습니다.

의사 : 힘드시겠군요. 폭식이 비만의 원인이라는 사실을 모르는 사람은 아무도 없습니다. 폭식을 해서 살이 찌게 되면 자신의 행동을 후회하게 되고 자책감에 빠지게 됩니다. 그것이 다시 스트레스가 되어 폭식에 빠지는 악순환을 겪게 되죠.

환자 : 뭔가를 먹어야겠다는 생각에 아무것도 할 수가 없어서 정신적으로 너무 힘들어요. 요즘 회사일로 부담이 많은데, 음식 때문에 이렇게 힘드니 정말 살고 싶지가 않을 때도 있습니다.

의사 : 많은 환자분들이 이런 어려움을 겪고 있습니다. 환자들이 스스로 참지 못하고 폭식에 빠지게 되는 것은 스트레스로 인한 심리적 우울증 때문입니다. 매일매일 바쁘게 살아가는 현대인들은 매일 스트레스를 경험하고, 그 스트레스를 제때 풀지 못하면 마음에 쌓여 우울증으로 나타나게 되는 것이죠. 이렇듯 스스로 해결책을 찾지 못하는 스트레스성 우울증으로 인해 사람들은 자기도 모르게 음식을 많이 먹음으로써 스트레스를 풀려고 하는 것입니다.

환자 : 선생님, 빨리 건강을 되찾고 싶은데 앞으로 어떻게 하면 좋을까요?

의사 : 환자분처럼 폭식증을 보이는 사람들은 식사가 불규칙하고 식사를 제때에 하지 않는 경향이 있습니다. 이런 문제를 해결하려면 우선 자기 주변에서 스트레스를 주는 원인을 찾아야 합니다.

10 05

(5번 문제 듣기 지문)

의사 : 이런 문제를 해결하려면 우선 자기 주변에서 스트레스를 주는 원인을 찾아야 합니다. 폭식증을 보이는 사람들은 식사가 불규칙하고 식사를 제때에 하지 않는 경향이 있습니다. 늘 일정한 시간에 식사하고 천천히 드시도록 노력해보십시오. 또 긍정적으로 생활하는 것도 한 방법입니다. 재미를 붙일 수 있는 운동을 찾아 규칙적으로 해 보십시오. 혼자 해결하기가 힘들게 느껴지면 전문가를 찾아 상담을 받는 것이 좋겠습니다. 이 경우 약물치료도 함께 하면 훨씬 효과가 좋습니다.

모범 답안

제1과 대학생활

분류	동아리명	활동
(가)	극예술연구회	기독교 전파, 봉사활동, 성경 공부
(마)	산악회	아마추어 수영
(나)	녹색회	역사 연구, 유적지 답사
(나)	찬	자연 보호 운동
(마)	물사랑	불교 연구
(라)	우리 땅 연구회	신문을 통한 세상 읽기
(다)	불교학생회	등산
(다)	아가페	연극 대본 연구, 공연

【어휘연습】

(1) 가입　(2) 회원　(3) 회비
(4) 활동　(5) 자격　(6) 신청

【들어 봅시다】

I

1. ❷　2. ❶ ○ ❷ × ❸ ×

II

1. ❶　2. ❶ ○ ❷ × ❸ ○

III

1. ❸　2. ❶ × ❷ ○ ❸ ○

IV

1. ❷　2. ❸

3. 영어 실력이 늘어난다, 세상을 보는 시야가 넓어진다, 다른 학교 학생과 교류할 수 있다.

4. ❶ × ❷ × ❸ ○

5.

동아리 이름	타임
성격	학술 분과에 소속된 영어 스터디 동아리
회원 자격	우리 대학 신입생과 재학생
회비	2만원
모임 횟수와 장소	주 4회, 동아리방
활동 내용	타임지에 실린 기사 내용 해석, 관련된 사회 경제 문제에 대해 토론
가입 방법	신입 회원 신청서 써서 제출

제2과 학교 행사

1. 생략
2. 생략

【어휘연습】

(1) 공연　(2) 체험　(3) 명사
(4) 기획　(5) 강연　(6) 선착순
(7) 개최　(8) 등록

【들어 봅시다】

I

1. ❶　2. ❶ × ❷ ○ ❸ ×

II

1. ❷　2. ❶ ○ ❷ × ❸ ×

III

1. ❶　2. ❸　3. ❶ × ❷ ○ ❸ ×

IV

1. ❹　2. ❷　3. ❶

4. ❶ × ❷ ○ ❸ ○ ❹ ×

5.

〈제목: 시간 관리〉		
	메모	요약
첫 번째 방법	시간을 대하는 마음	시간이 없을 때 시간의 소중함을 깨달을 수 있다.
두 번째 방법	마감 시간을 잘 지키는 습관	마감 시간이 있으면 단계별로 계획을 세워 일을 하게 된다.
세 번째 방법	계획을 짜고 메모하는 습관	시간을 잘 관리할 수 있다.
네 번째 방법	남는 시간을 이용하는 습관	시간을 번 것 같은 기분을 느낄 수 있다.

제3과 성격

1.선 후 후 선 후 후 선

2.생략

【어휘연습】

(1) 성격 형성 (2) 성향 (3)불안감
(4) 긍정적 (5) 양육 방식 (6) 정서적

【들어 봅시다】

I

1. ❷ 2. ❶ × ❷ ○ ❸ ×

II

1. ❶ 2. ❶ ○ ❷ × ❸ ○

III

1. ❸ 2. ❶ ○ ❷ × ❸ ○

3. 사회 환경, 성격 형성

IV

1. ❸

2. AB 형 〉 O 형 〉 B 형 〉 A 형

3.❶ × ❷ ○ ❸ × ❹ ×

4.

이름	김미선	오형진	권순철	유미란
혈액형	(AB)형	(O)형	(B)형	(A)형
성격	냉철한 면이 있고 눈치가 빠르며 세심함	활달하고 열정적임	낙천적이고 새로운 것에 호기심이 많음	성실하고 꼼꼼하며 신중함

5. 생략

제4과 실수와 사과

1.생략 2. 생략

【어휘연습】

(1) 진정성 (2) 용서 (3) 사과문
(4) 요구 (5) 변명 (6) 개선
(7) 보상

【들어 봅시다】

I

1. ❶ 2. ❶ ○ ❷ × ❸ ×

II

1. ❷ 2. ❶ × ❷ ○ ❸ ×

III

1. ❶ 2. 개가 먹을 음식

3. ❶ ○ ❷ × ❸ ×

IV

1. ❹ 2. ❹ 3. ❶

4.

	방법	실제 표현
1	사과하는 말 앞뒤로 변명의 말은 피한다.	늦어서 정말 미안해.
2	무엇이 미안한지 구체적으로 말한다.	오랫동안 기다리게 해서 미안해.
3	자신의 책임을 인정한다.	내가 잘못했어. 내가 실수했어.
4	개선이나 보상 내용을 구체적으로 약속한다.	미안해. 앞으로 한 달에 한 번은 꼭 가족들과 시간을 보낼게.
5	공식적인 상황에서는 공개적으로 사과하고 약속한다.	다시는 이런 일이 발생하지 않도록 최선을 다하겠습니다.

5. 생략

제5과 부탁과 거절

부탁을 들어준다.	분명히 거절한다.	친구를 비난한다.	일단 확답을 피한다.	이유나 핑계를 댄다.
	난 원래 친구들과 돈 거래 안 한다. 우정을 잃고 싶지 않거든	너 어디에다가 돈을 다 쓰고 돈을 빌리러 다니니?	지금 그렇게 큰돈은 없고 한번 알아 볼 테니까 다시 연락해라.	어떻게 하냐. 빌려주면 좋겠는데 요즘 돈 쓸 일이 있어서 다 써 버렸어.

【어휘연습】

(1) 부탁을 드려
(2) 핑계를 대면서
(3) 요청하려고
(4) 거절하기가
(5) 부탁을 들어주겠다고

【들어 봅시다】

I

1. ❹ 2. ❶ ○ ❷ × ❸ ×

II

1. ❸ 2. ❶

III

1.❷ 2. ❷ 3. ❸

IV

1. ❶ 2. ❸ 3. ❶ ○ ❷ × ❸ ○

4.

(1) 거절을 받아들일 때까지 분명하게 그리고 반복적으로 거절한다.

(2) 조직의 가치관이나 원칙을 설명한다.

(3) 구체적인 이유를 설명한다.

5. 가) (3) 나) (1) 다) (2) 나머지는 생략

제6과 서비스센터

1. 생략 2. 생략

【어휘연습】

(1) 피해 보상 (2) 고객 상담실
(3) 교환 (4) 환불을
(5) 품질 보증서를 (6) 소비자보호원

【들어 봅시다】

I

1. ❶ 2. ❶ × ❷ × ❸ ○

II

1. ❸ 2. ❷

III

1. ❷ 2. ❶

3. ❶ × ❷ × ❸ ○

IV

1. ❷ 2. ❶

3. (1) 3 (2) 1 (3) 2

4. ❹ 5. 생략

제7과 변화

1. 생략 2. 생략

【어휘연습】

(1) 늘었다/증가했다
(2) 올라갔다
(3) 줄었다/감소했다

【들어 봅시다】

I

1. ❶ 2. ❶ ○ ❷ × ❸ ×

II

1. ❶ 2. ❸

III

1. ❶ 2. ❶ × ❷ ○ ❸ ×

3. 외국인 체류자: 산업에 활용하려고 한다.
결혼 이민자: 다문화 가족센터를 운영해 한국 사회에 안정적으로 적응할 수 있도록 도우려고 한다.

IV

1. ❶ 2. ❹ 3. ❶ ○ ❷ × ❸ ×

4.

1963년	1971년	1982년	2004년
❶	❹	❸	❷

	저출산	노인 인구 증가 / 고령화
원인	1. 높은 자녀 양육비와 교육비	2. 의료기술의 발전과 시설 확충
문제	노인 부양을 위한 사회적 부담이 커진다.	

5. 생략

제8과 인터넷

1. 생략 2. 생략

【어휘연습】

(1) 글을 남기다 (2) 댓글을 달다
(3) 퍼가다/퍼오다 (4) 접속하다
(5) 글을 올리다 (6) 즐겨 찾다

【들어 봅시다】

I

1. ❷ 2. ❶

II

1. ❶ 2. ❶ × ❷ × ❸ ○

III

1. ❷ 2. ❶ ○ ❷ × ❸ ×

3. 인터넷을 공부에 활용할 수 있도록 하는 방법

IV

1. ❸ 2. ❶ × ❷ ○ ❸ ○ 3. 99.9%, 52%

4. 이메일, 블로그, 인터넷 뱅킹

5. 생략

제9과 대중문화

1. 콘서트, 뮤지컬, 연극 2. 생략

【어휘연습】

(1) 관객이 (2) 청중은
(3) 무내는 (4) 비평가
(5) 감상

【들어 봅시다】

I

1. ④ 2. ❶ × ❷ ○ ❸ ×

II

1. ❶ 2. ❶ × ❷ × ❸ ×

III

1. ④ 2. ❸

3. ❶ ○ ❷ ○ ❸ ×

IV

1. ❷

2. 현대 탈춤과 전통 탈춤을 나누어서 공연

3. ❶ × ❷ × ❸ ○

4. ④

5. 생략

제10과 건강

1. 생략 2. 생략

【어휘연습】

(1) 흡연으로 (2) 감염을
(3) 비만 (4) 폭식
(5) 우울증으로 (6) 금연을

【들어 봅시다】

I

1. ❶ 2. ❶ × ❷ ○ ❸ ×

II

1. ❶ 2. ❶ × ❷ ○ ❸ ○

III

1. ❷ 2. ❶ × ❷ ○ ❸ ×

3. 학생들에게 건강의 중요성을 알리고 몸을 관리하는 방법을 알리기 위해서.

IV

1. 폭식 2. ④ 3. ❷ 4. ❷

5. 스트레스 원인 해소, 규칙적인 운동, 규칙적인 식사 등